육조혜능과
금강경오가해

육조혜능과 금강경오가해

초판 인쇄 2011년 9월 25일
초판 발행 2011년 9월 30일

엮은이 청운스님
펴낸이 이규만
펴낸곳 불교시대사
교 정 임동민
디자인 서진
등록일자 1991년 3월 20일
등록번호 제300-1991-27호
주 소 (우)110-320 서울시 종로구 낙원동 58-1 종로오피스텔 1020호
전 화 02-730-2500, 725-2800
팩 스 02-723-5961

BN 978-89-8002-129-1 93220

· 잘못된 책은 바꾸어 드립니다.
· 값은 뒤표지에 있습니다.

육조혜능과
금강경오가해

청운 스님

불교시대사

 머리말

지금으로부터 이천오백 년 전 어느 날 부처님은 슈라바스티(Sravasti), 사위성(舍衛城)에서 금강반야바라밀경(金剛般若波羅密經, Vajrachika PrajnaParamita)을 설하셨다.
'벼락처럼 단번에 자르는 지혜(智慧)의 완성 이라는 의미가 담겨 있다.'
붓다는 그대의 목을 쳐 죽이고 다시 태어나도록 할 수 있다.
즉 본질적인 존재가 표면으로 구현되기 위해서는 지금의 나(我)가 죽어야 한다는 것이다.
금강경은 반야부 600권의 경전 가운데 577부 대반야품 제9품에 들어있다.
금강경은 아집(我執)과 법집(法執)을 차례로 깨고 아(我), 인(人), 중생(衆生), 수자(壽者)의 견(見)과 상(相)을 여의고 그 자리에 불변 진리의 본체인 보살의 경지에 이르게 하여 일체개공으로 경계공(境界空)을 설하시고 다음은 혜공(慧空)을 마지막으로 보살공(菩薩空)을 공(空)으로 체(體)를 삼고 무아(無我)의 이치를 요지(要旨)로 삼고 있다.
이와같이 금강경(金剛經)은 사상(四相) 사견(四見)으로 쌓여있는 지금의 나를 죽여서 부처와 하나로 이루는 방법을 자세히 가르쳐 주고 있는 경전이다.

필자는 오십여 년 전부터 이 위대한 금강반야바라밀경을 수지독송하는 영광을 누려왔으나 이 벅찬 환희심을 인연(因緣) 있는 모든 불자님들과 함께하고, 반야행(般若行)만이 성불(成佛)로가는 최상의 길(道)이라는 메시지를 심어주고 싶은 간절한 마음으로 기존의 금강경오가해(金剛經五家解)에서 육조혜능(六祖慧能)의 주해(註解)를 축(軸)으로 하여 보다 간결하고 빠른 이해를 돕고자 하였다.

혜능이 머물던 조계산(曹溪山)의 이름을 따서 우리 선가의 보조국사 지눌(普照國師 知訥)은 조계산 송광사(松廣寺)에서 후학을 지도하던 귀감이 된 것이 바로 금강경과 육조단경이었고, 한국불교를 선종이라고 규정짖고 있는 것도 이 영향을 받고 있는 것이다.

또한 금강경을 선(禪)의 소의경전(所依經典)으로 삼는 까닭은 반야는 모든 법의 근원이 되고 역대 현성의 불심이며 중생의 근본마음 바탕이기 때문이다.

따라서 금강경은 작은 법을 버리고 큰 도에 들어가는 길이며 일체 고해를 건너고 중생을 구하는 횃불이 되는 심지법문(心地法門)이기 때문에 무상(無相)의 이치를 깨달아서 무주행(無住行)을 실천케 하는 경전이다. 마하반야(摩訶般若)는 제법(諸法)의 실상(實相)을 비추어 깨닫는 최극최승(最極最勝)의 대지혜(大智慧)이며 오음(五陰)의 번뇌(煩惱)와 진로(塵勞) 망상(妄想)을 때려 부수는 금강의 힘을 가지고 있으니 이 반야바라밀법을 수행(修行)하면 반드시 부처를 이루게 되는 것이다.

화두공안(話頭公案)으로

여하시 제불 출신처(如何是 諸佛 出身處)

'모든 부처님이 나오신 곳이 어디입니까?'의 물음에 '동산이 물위로 간다.'라는 답이 선어록에 나오는데, 육조단경에는 '모든 부처가 나오는 곳은 어디입니까?' 하는 물음에 '마하반야바라밀이니라' 하였다.

마하반야바라밀은 그대로 부처님이고 진여불성(眞如佛性)이며, 참 생명이며, 일체제불의 출신처인 것이다.

　나무반야바라밀
　나무반야바라밀
　나무반야바라밀

선재사 청운 합장

차례

1. 육조혜능선사 · 8
2. 육조혜능선사 서 · 14
3. 설의 · 23
4. 금강반야바라밀경 · 31
5. 육조혜능선사 결 · 250

육조혜능선사 六祖慧能禪師

대사의 이름은 혜능이요, 아버지는 노행도이며, 어머니는 이씨 다. 당나라 정관 12년 무술년 2월 8일 자시에 태어났는데, 백호의 광명이 허공에 떠오르고 이상한 향기가 방안에 가득하였다.

새벽녘에 두 신기한 스님이 찾아와서 아이의 부친에게 말하였다. 「밤에 낳은 아이를 위해 이름을 주되, 위 자를 혜, 아래 자를 능이라 하십시오.」 아버지가 말하기를 「어째서 혜능이라 합니까?」하고 물었다. 스님이 말하기를 「혜는 법으로써 중생들에게 베푼다는 뜻이요, 능은 능히 불사를 수행하리라는 뜻입니다.」 말을 마치자 곧 어디로 갔는지 알 수 없었다. 대사는 젖을 먹지 않았는데, 밤이 되면 신인(神人)이 나타나서 감로를 주었다 한다.

혜능의 법 얻은 사연을 살펴보면, 아버지는 일찍 돌아가시고, 늙은 어머니를 외롭게 모시게 되었다. 가난한 살림에 쪼들려 시장에 나가 나무장사를 하며 지내게 되었는데 하루는 주막에 나무를 팔고 돈을 받아 문을 나서는데 경 읽는 한 손님의 「마땅히 머무는 바 없이 그 마음을 내어라」하는 구절을 듣고는 곧 마음을 깨달았으며, 이렇게 물었다.

「손님이 외우는 경이 무슨 경입니까?」「금강경입니다.」「어느 곳에서 오셨는데 그렇게 좋은 경전을 갖고 계십니까?」「나는 기주 황매산 동선사에서 왔습니다. 그 절에는 오조 홍인대사가 계시면서 교화하는데 그 문인이 일천 명이 넘습니다. 내가 거기 가서 예배하고 이 경을 듣고 받았는데, 대사께서 항상 말씀하시기를, 다만 금강경만 수지하면 곧 성품을 보아 부처를 이룰 수 있다고 하셨습니다.」

혜능과 옛부터 숙세(宿世)의 인연이 있어서인지 손님이 은 열 냥을 주면서「노모의 옷과 양식을 충당하고 황매산에 가서 오조를 뵙도록 하십시오.」라고 하였다. 혜능이 이에 어머니를 편히 모시고 하직한 뒤에 삼십 여 일 만에 황매산에 이르러 오조께 예배드렸다. 오조께서 물으셨다.

「너는 어디서부터 왔으며 무엇을 구하는가?」「제자는 영남 신주 사람인데 멀리 와서 스님께 예배 드리옴은 오직 부처를 구할 뿐이지 다른 것은 없나이다.」「네가 영남 사람이면 오랑캐인데 어찌 부처가 될 수 있겠는가?」「사람은 비록 남과 북이 있지만 부처의 성품에는 남북이 없는 것이니, 오랑캐의 몸은 화상과 같지 않사오나 부처의 성품에야 어찌 차별이 있을 수 있겠습니까.」오조께서 더 말씀하려다가 주위에 사람들이 모인 것을 보고서는,「나가서 대중과 함께 일이나 하여라.」하였다.

이때 혜능이 다시 물었다.「화상께 여쭈옵니다. 제가 생각하기로는 마음에 항상 지혜를 내어 자기 성품을 떠나지 않는다면 곧 복 밭이 아니겠는가 하는데 화상께서는 어떤 일을 하라시는 것입니까?」「저 오랑캐가 제법 아는 체를 하는구나, 이제 잔소리 그만하고 나가서 방아나 찧어라.」혜능이 후원으로 물러 나와서 어느 행자가 시키는 대로 방아 찧고, 장작패기 여덟 달이 지났는데 어느 날 오조께서 와 보시고「네 소견이 쓸 만하다고 생각했지만 혹 나쁜 사람이 너를 해칠까 두려워 더 말하지 않았는데 네가 그 뜻을 알았는가?」하고 물었다.
「제자도 역시 스님의 뜻을 짐작하였기 때문에 남이 알지 못하도록 하려고 스님 계신 방문턱에도 가지 않았습니다.」하였다.

그러던 어느 날 홍인은 문인들이 다 불러 모았다. 「내가 너희들에게 이르노라. 세상 사람들은 죽고 사는 일이 큰일인데 너희들은 종일토록 복 밭을 구할 생각이나 하며 생사의 고뇌를 벗어날 일은 구하지 않는구나, 자기의 성품을 올바로 깨닫지 못한다면 어찌 복을 구할 수 있겠는가, 너희들은 각기 돌아가서 스스로의 지혜를 보아 참마음의 반야성품을 취하여 게송을 하나씩 지어서 나에게 가져 오라. 만일 큰 뜻을 깨달았으면 그에게 가사와 법을 전하여 여섯 번째의 조사를 삼으리라.

이에 신수(혜능이 오조의 법을 잇고 육조가 된 후 북쪽으로 가서 북종선(北宗禪)을 창시하였다.)가 먼저 당 앞에 다음과 같은 게(偈)를 써 붙였다.

　　身是菩提樹 心如明鏡臺　신시보리수 심여명경대
　　時時勤拂拭 勿使惹塵埃　시시근불식 물사야진애
　　몸은 이 깨달음의 나무요, 마음은 밝은 거울바탕일세.
　　때때로 털고 부지런히 닦아서 먼지 끼거나 때 묻지 않도록 하세.

조사는 이미 신수가 아직 자성을 깨닫지 못하여 문에 들어오지 못함을 알고 있었다. 경(經)에 말씀하시기를 「무릇 있는 모습이란 모두 헛된 것이다.」하셨으니 이 게송만 남겨서 사람들과 함께 수지하게 하라. 이 게송대로 닦으면 악도(惡

道)에 떨어지지 않고 큰 이익이 있으리라.」 그리고 문인들에게 향을 피워 예경케 하고「이 게를 외우면 곧 견성하게 되리라.」하였다.

그리고 이틀이 지났을 때 한 동자가 방앗간 앞을 지나면서 외우는 게송을 혜능이 들었다. 혜능은 한 번 듣고 이 글귀가 견성한 사람의 글이 아님을 바로 알았다.

「내가 방아를 찧은지 여덟 달이 되었는데, 아직 당 앞에 가 본 적도 없으니 나를 인도하여 그 게송 앞에 예배드리게 해달라.」고 하였다. 동자가 게송 앞에 인도하여 예배하도록 하니, 혜능이 말하기를「나는 문자를 알지 못하니 원컨대 읽어 주시오.」하였다. 그때 강주 별가를 지낸 장일용이란 사람이 소리 높여 읽어 주었다. 혜능이 다 듣고 나서 말 하였다.「나도 게송을 하나 지어 볼 테니 별가는 써 주시오.」

「너 같은 사람이 다 게송을 짓겠다니 흐뭇한 일이구나.」하고 별가는 조롱하였다. 혜능이 엄숙한 태도로「위없는 깨달음을 배우는데 처음 들어온 사람을 가볍게 대하지 말라. 아무리 둔하고 낮은 사람일지라도 밝고 높은 지혜가 있을 수 있고, 밝고 높은 사람이라도 어리석을 수가 있는 법인데, 사람을 업신여기는 것은 한량없고 끝없는 죄가 되리라.」「그렇다면 그대는 게를 외우라 내가 그대를 위해 써 주리라. 그대가 만약 법을 얻으면 모름지기 나부터 먼저 제도해 다오. 부디 내 말을 잊지 말라.」혜능이 게송을 불렀다.

菩提本無樹 明鏡亦非臺　보리본무수 명경역비대

本來無一物 何處惹塵埃　본래무일물 하처야진애

깨달음에는 본래 나무가 없고 거울 또한 틀이 아닐세.
본래 한물건도 없는데 어느 곳에 먼지 끼고 때가 일까.

다음날 조사가 가만히 방앗간에 와서 혜능이 허리에 돌을 달고 방아찧는 것을 보았다. 「도를 구하는 사람이 법을 위해 몸을 저버리는 것이 마땅히 이와 같아야 하리라. 쌀이 얼마나 익었는가.」 혜능이 말하였다. 「쌀이 익은지 이미 오래이오나 아직 키질을 못했습니다.」 조사는 지팡이로 방아를 세 번 내려치고 돌아갔다. 혜능이 조사의 뜻을 깨닫고 삼경에 조실에 들어갔는데, 조사가 가사로 둘레를 막아 사람들이 보지 못하게 하고, 금강경을 설하였다.

금강경 가운데, 마땅히 머무는 바 없이 마음을 내어라, 하는 구절에 이르러 혜능은 크게 깨닫고, 모든 만법이 자기의 성품을 떠나지 않음을 알게 되었다. 드디어 조사께 말씀 드렸다.

何期自性 本自淸淨　하기자성 본자청정
何期自性 本不生滅　하기자성 본불생멸
何期自性 本自具足　하기자성 본자구족
何期自性 本無動搖　하기자성 본무동요
何期自性 能生萬法　하기자성 능생만법

성품이 어찌 본래 스스로 깨끗함을 알았으리까?
성품이 어찌 본래 스스로 생멸이 없음을 알았으리까?
성품이 어찌 본래 스스로 갖추어짐을 알았으리까?

성품이 어찌 본래 스스로 흔들림 없음을 알았으리까?

성품이 어찌 능히 만법을 내는 줄 알았으리까?

조사는 혜능이 성품을 깨달았음을 알고 곧 「대장부·인천(人天)의 스승·부처님」이라고 이름하셨다. 삼경에 법을 받으니 아무도 아는 사람이 없었다. 그리하여 가사와 발우를 주면서 「네가 이제 초조 보리달마 이후 二조 혜가(慧可)·三조 승찬(僧璨)·四조 도신(道信)·五조 홍인(弘忍)의 대를 이을 제六대조가 되었다. 잘 보호하고 지켜서 널리 중생을 제도하여 앞으로 끊어짐이 없도록 하라.」하였다.

 육조혜능선사 서 六祖慧能禪師 序

夫金剛經者 無相 爲宗 無住 爲體 妙有 爲用 自從達磨
부금강경자 무상 위종 무주 위체 묘유 위용 자종달마

西來 爲傳此經之義 令人 悟理見性 祇爲世人 不見自
서래 위전차경지의 영인 오리견성 지위세인 불견자

性是以 入見性之法 世人 若了見眞如本體 卽不假立
성시이 입견성지법 세인 약료견진여본체 즉불가립

法 此經 讀誦者 無數 稱讚者 無邊造疏及註解 凡八百
법 차경 독송자 무수 칭찬자 무변조소급주해 범팔백

餘家 所說道理 各隨 所見 見雖不同 法卽無二宿植上
여가 소설도리 각수 소견 견수부동 법즉무이숙식상

根者 一聞便了 若無宿慧 讀誦雖多 不悟佛意 故 解釋
근자 일문변료 약무숙혜 독송수다 불오불의 고 해석

其義 遮斷學者疑心 若於此經 得旨無疑 卽不假解說 從
기의 차단학자의심 약어차경 득지무의 즉불가해설 종

上如來所說善法 爲除凡夫不善之心 經是聖人之語 敎
상여래소설선법 위제범부불선지심 경시성인지어 교

人聞之 從凡悟聖 永息迷心 此一卷經 衆生性中 本有
인문지 종범오성 영식미심 차일권경 중생성중 본유

部自見者 但讀誦文字 若悟本心 始知此經 不在文字 但
부자견자 단독송문자 약오본심 시지차경 부재문자 단

能明了自性 方信一切諸佛 從此徑出 今恐世人 身外
능명료자성 방신일체제불 종차경출 금공세인 신외

覓佛 向外求經 不發內心 不持內徑 故造此訣 令諸學
멱불 향외구경 불발내심 부지내경 고조차결 영제학

者 持內心經 了然 自見淸淨佛心 過於數量 不可思議
자 지내심경 요연 자견청정불심 과어수량 불가사의

後之學者 讀經有疑 見此解義 疑心 釋然 更不用訣 所
후지학자 독경유의 견차해의 의심 석연 갱불용결 소

冀 學者 同見鑛中金性 以智慧火 鎔煉 鑛去金存 我釋
기 학자 동견광중금성 이지혜화 용련 광거금존 아석

迦本師 說金剛經 在舍衛國 因須 菩提起問 大悲爲說
가본사 설금강경 재사위국 인수 보리기문 대비위설

須菩提 聞說得悟 請佛與法安名 令後人 依而受持 故
수보리 문설득오 청불여법안명 영후인 의이수지 고

經 云佛 告須菩提 是經 名爲金剛 般若波羅蜜 以是名
경 운불 고수보리 시경 명위금강 반야바라밀 이시명

字 汝當奉持 如來所說金剛般若波羅蜜 與法爲名 其
자 여당봉지 여래소설금강반야바라밀 여법위명 기

意謂何 以金剛 世界之寶 其性 猛利 能壞諸物 金雖至
의위하 이금강 세계지보 기성 맹이 능괴제물 금수지

堅 殺羊角 能碎 佛性 雖堅 煩惱能亂 煩惱雖堅 般若
견 고양각 능쇄 불성 수견 번뇌능란 번뇌수견 반야

智能破 殺羊角 雖堅 賓鐵 能壞 悟此理者 了然見性涅
지능파 고양각 수견 빈철 능괴 오차리자 요연견성열

槃經 云見佛性者 不名衆生 不見佛性 是名衆生 如來
반경 운견불성자 불명중생 불견불성 시명중생 여래

所說金剛 喩者 祇爲世人 性無堅固 口雖誦經 光明佛
소설금강 유자 지위세인 성무견고 구수송경 광명불

生 外誦內行 光明 齊等 內無堅固 定慧卽亡 口誦心行
생 외송내행 광명제등 내무견고 정혜즉망 구송심행

定慧均等 是名究竟 金在山中 山不知是寶 寶亦不知
정혜균등 시명구경 금재산중 산부지시보 보역부지

是山 何以故 爲無性故 人則有性 取其寶用 得遇金師
시산 하이고 위무성고 인칙유성 취기보용 득우금사

斬鑿山破 取鑛烹鍊 遂成精金 隨意使用 得免貧苦 四
참착산파 취광팽연 수성정금 수의사용 득면빈고 사

大身中 佛性 亦爾身 喩世界 人我 喩山 煩惱 喩鑛 佛性
대신중 불성 역이신 유세계 인아 유산 번뇌 유광 불성

喻金 智慧 喻工匠 精進勇猛 喻斬鑿 身世界中 有人我
유금 지혜 유공장 정진용맹 유참착 신세계중 유인아

山 人我山中 有煩惱鑛 煩惱壙中 有佛性寶 佛性寶中
산 인아산중 유번뇌광 번뇌광중 유불성보 불성보중

有智慧工匠 用智慧工匠 鑿破人我山 見煩惱鑛 以覺
유지혜공장 용지혜공장 착파인아산 견번뇌광 이각

悟火 烹鍊 見自金剛佛性 了然明淨 是故 以金剛 爲喻
오화 팽련 견자금강불성 요연명정 시고 이금강 위유

因爲之名也 空解不幸 有名無體 解義修行 名體俱備 不
인위지명야 공해불행 유명무체 해의수행 명체구비 불

修 卽凡夫修 卽同聖智 故名金剛也 何名般若 是梵語
수 즉범부수 즉동성지 고명금강야 하명반야 시범어

唐言 智慧 智者 不起愚心慧者 有其方便 慧是智體 智
당언 지혜 지자 불기우심혜자 유기방편 혜시지체 지

是慧用 體若有慧 用智不愚 體若無慧 用愚無智 祗緣愚
시혜용 체약유혜 용지불우 체약무혜 용우무지 지연우

癡未悟 遂假智慧除之也 何名波羅蜜 唐言 到彼岸 到
치미오 수가지혜제지야 하명바라밀 당언 도피안 도

彼岸者 離生滅義 祗緣世人 性無堅固 於一體法上 有
피안자 이생멸의 지연세인 성무견고 어일체법상 유

生滅相 流浪諸趣 未到眞如之地 竝是此岸 要具大智
생멸상 유랑제취 미도진여지지 병시차안 요구대지

慧 於一切法 圓離生滅 卽是到彼岸 亦云心迷則此岸
혜 어일체법 원리생멸 즉시도피안 역운심미즉차안

心悟則彼岸 心邪則此岸 心正則彼岸 口說心行 卽自
심오즉피안 심사즉차안 심정즉피안 구설심행 즉자

法身 有波羅蜜 口說心不幸 卽無波羅蜜也 何名爲經
법신 유바라밀 구설심불행 즉무바라밀야 하명위경

經者 經也 是成佛之道路 凡人 欲臻斯路 應內修 般若
경자 경야 시성불지도로 범인 욕진사로 응내수 반야

行 以至究竟 如或但能誦說 心不依行 自心 卽無經 實
행 이지구경 여혹단능송설 심불의행 자심 즉무경 실

見實行 自心 卽有經 故 此經如來 號爲金剛般若波羅蜜也
견실행 자심 즉유경 고 차경여래 호위금강반야바라밀야

대저 금강경이라는 것은 상(相)없는 것으로 종(宗)을 삼고 머무름이 없는 것으로써 체(體)를 삼으며 묘유(妙有)로써 용(用)을 삼음이라. 달마 스님이 서쪽으로부터 와서 이 경의 뜻을 전해 모든 사람으로 하여금 이치를 깨닫고 성품을 보게 견성(見性)하게 하심이나, 다만 세상 사람들이 자기의 자성을 보지 못하므로 견성의 법(法)을 세웠거니와 세인(世人)이 만약 진여본체를 볼 수 있으면 법을 세울 필요가 없었을 것이다. 이 경을 독송하는 자는 수도 없고 칭찬하는 자도 헤아릴 수 없으며 소(疏)를 짓고 주해(註解)를 낸 이들도 무려 800여분이나 되지만 설하신 도리는 각각 소견을 따르니, 그 견해는 비록 같지 않지만 법은 둘이 아니다.

전생에 익힌 지혜가 없으면 독송을 비록 많이 해도 부처님의 뜻을 깨닫지 못함이니, 그러므로 그 뜻을 해석하여 많은 학자들이 의심을 끊게 하는 것이다. 만약 이 경의 뜻을 얻어 의심이 없다면 곧 해설을 빌릴 필요도 없을 것이다.

위로부터 여래께서 설하신 선법(善法)을 범부의 착하지 못한 마음을 제거하기 위함이니 경은 성인의 말씀이라, 사람들이 그것을 듣고 범부로써 성인의 깨달음에 이르게 해서 영원히 미혹된 마음을 쉬게 하자는 것이다. 이 한 권의 경은 중생의 성품 가운데 본래 있건만, 스스로 보지 못하는 것은 단지 문자만을 읽고 외우기 때문이다. 만약 본래의 마음을 깨달으면 비로소 이 경(經)이 문자에 있지 않음을 알게 될 것이다.

다만 능히 자기의 성품을 밝게 요달하면 모든 부처님이 이 경(經)으로부터 나오심을 믿을 것이다. 이제 세상 사람들이 몸 밖에서 부처를 찾고 밖을 향해 경(經)을 구하면서 마음 안에서 발견하지 못하고 내면의 경을 갖지 않을까 두려워 하신고로, 이 구결(口訣)을 지어서 모든 학자들이 안으로 마음의 경을 가져서 청정(淸淨)한 불심(佛心)을 스스로 보게 하노라. 후세의 학자들은 경(經)을 읽다가 의심이 있거든 이 해의(解義)를 보아서 의심이 풀리면 다시 이 구결을 볼 필요가 없을 것이다.

바라건대 공부하는 사람들은 다 같이 광석 가운데 있는 금의 성품을 보고 지혜의 불로 녹여서 잡된 광물은 버리고 금(金)만 있게 함이로다.

우리 석가본사께서 금강경을 설하심은 사위국에 계시사 수보리의 물음으로 인하여 대자비로 설하시니, 수보리가 설하심을 듣고 깨달음을 얻어서 부처님께 법과 더불어 이름을 청하시어 후인으로 하여금 이에 의지하여 받아 지니게 하시니라. 그러므로 경(經)에 이르되 "부처님이 고하시기를 이 경의 이름은 금강반야바라밀이니, 이 명자로 너희는 마땅히 받들어 지녀라" 하신 것이다.

여래께서 설하신 금강반야바라밀을 법으로써 이름 하신 그 뜻은 무엇인가.

금강은 이 세계의 보배로, 그 성품이 매우 예리하여 능히 모든 물건을 파괴하니, 금강이 비록 극히 견고하나 고양각(산양의 뿔)에 의해 능히 파괴되니 금강은 불성에 비유하고 고양각은 번뇌에 비유한 것이다. 금강은 비록 견고하고 강하나 고양각이 능히 부수고 불성(佛性)이 비록 견고하나 번뇌가 능히 어지럽히고 번뇌가 비록 견고하나 반야의 지혜로서 능히 쳐부수고 고양각이 비록 견고해도 빈철(賓鐵, 제련된 가장 강한 쇠붙이)이 능히 파괴하나니, 이 도리를 깨달은 자는 요연히 견성하리라. 열반경에 이르되 불성을 본 사람은 중생이라 이름 하지 않고 불성을 보지 못한 자를 중생이라 하니 여래가 설하신 금강의 비유는 다만 세상 사람들이 성품이 견고하지 못해서 입으로는 비록 경을 외우면서도 밝은 빛이 나지 않음이다. 밖으로 외우고 안으로 행하여야 밝은 빛이 함께 고르며 안으로 견고함이 없으면 정(定)과 혜(慧)가 곧 사라지며, 입으로 외우고 마음으로 행해야 정과 혜가 고르게 된다. 이것을 이름 하여 구경(究竟, 이곳에선 제일 또는 원만성취를 뜻함)이라 한다.

금이 산중에 있으나 산은 이 보배를 알지 못하고 보배 또한 산을 알지 못한다. 왜냐하면 성품(性品)이 없기 때문이다.

사람은 성품이 있어서 그 보배를 취해 사용한다. 연금사를 만나 산을 뚫고 부숴 쇠를 취하여 녹이고 단련시켜 마침내 순금을 얻어서 뜻에 따라 사용하여 빈천(貧賤)의 괴로움을 면한다. 사대(四大)로 이루어진 몸속의 불성도 또한 그러하며, 몸은 세계에 비유하고 남과 나의 분별(分別)은 산(山)에 비유하고 번뇌는 광석에, 불성은 금에 비유하고 지혜는 장인(匠人)에 비유하고 용맹정진은 뚫는데 비유한다.

색신(色身)의 세계 가운데 인아산(人我山)이 있고 인아산 가운데 번뇌의 광물이 있으며, 번뇌의 광물 중에 불성의 보배가 있고 불성의 보배 가운데 지혜의 공장

(工匠)이 있다. 지혜의 공장을 써서 인아산을 뚫고 번뇌광(煩惱鑛)을 발견하여 깨달음의 불로서 잘 단련하여 자신의 금강불성이 요연히 밝고 깨끗함을 볼 것이다. 그래서 금강으로 비유를 들어 이름을 지은 것이다. 헛되게 알기만 하고 행하지 않으면 이름만 있고 실체가 없는 것이요, 뜻을 알고 행을 닦으면 이름과 체(體)가 갖추어지는 것이다. 닦지 않으면 곧 범부요 닦으면 곧 성인의 지혜와 같으니 고로 금강이라 이름 한 것이다.

반야란 무엇인가. 이것은 범어이니 당언(唐言)으로는 지혜이다.

지(智)란 어리석은 마음을 일으키지 않음이요, 혜(慧)란 그 방편이 있음이니 혜는 지(智)의 체이고 지는 용(用)이니, 체에 만약 혜가 있으면 지의 사용이 어리석지 않지만, 체에 만약 혜가 없으면 어리석음을 사용하여 지가 없으므로 다만 어리석음으로 인하여 깨닫지 못하기 때문에 마침내 지혜를 빌려 어리석음을 제거해야 한다.

무엇을 바라밀이라 명하는가. 당언(唐言)에 도피안(到彼岸, 저 언덕에 이른다)이니 도피안이란 생멸을 여읜다는 뜻이다. 다만 세상 사람들의 성품이 견고하지 못함으로 인하여 일체의 법에 대해 생멸상(生滅相, 상대적인 것)이 있어 제취(諸趣, 육도 六道)에 떠돌아 진여의 땅에 이르지 못하므로 이것을 이 언덕(차안, 此岸)이라 한다.

대지혜를 갖추어 일체법을 원만하게 닦아 생멸을 여읜다면 곧 이것이 저 언덕에 이른 것이다. 또한 말하기를, 마음이 미(迷)하면 차안이고 마음을 깨달으면 피안이며, 마음이 삿되면 차안이고 마음이 바르면 피안이니, 입으로 말하고 마음으로 행(行)하면 곧 자기 스스로 법신에 바라밀이 있는 것이요, 입으로 말하고 마음으로 행하지 아니하면 곧 바라밀이 없는 것이다.

경(經)이란 무엇인가, 경이란 경(徑, 길)이니 부처가 되는 길이다. 무릇 사람이 이 길에 이르고자 하면 마땅히 안으로 반야행을 닦아야 구경에 이를 것이나, 혹 능히 외우고 말하기만 하면 마음으로 의지하여 행하지 않으면 자기 마음에 경이 없음이요, 실답게 보고 실답게 행하면 자기 마음에 경이 있는 것이니, 고로 이 경을 여래께서 "금강반야바라밀경"이라 하신 것이다.

설의(說誼)

一切衆生 內含種智 與佛無殊 但以迷倒 妄計我人 淪
일체중생 내함종지 여불무수 단이미도 망계아인 윤

沒業坑 不知反省所以 釋迦老人 示從兜率 降神王宮
몰업갱 부지반성소이 석가노인 시종도솔 강신왕궁

入摩耶胎 月滿出胎 周行七步 目顧四方 指天指地 作
입마야태 월만출태 주행칠보 목고사방 지천지지 작

獅子吼 天上天下 唯我獨尊 年至十九 四門遊觀 觀生
사자후 천상천하 유아독존 년지십구 사문유관 관생

老病死 四相相逼 子夜 踰城出家 入雪山六年苦行 臘
노병사 사상상핍 자야 유성출가 입설산육년고행 납

月八夜 見明星悟道 初遊鹿苑 轉四諦法輪 次說阿含
월팔야 견명성오도 초유녹원 전사제법륜 차설아함

方等部 漸令根性純熟 方說此般若大部 開示悟入 佛
방등부 점령근성순숙 방설차반야대부 개시오입 불

之知見 夫大雄氏之演說般若 凡四處十六會 經二十
지지견 부대웅씨지연설반야 범사처십육회 경이십

一載 說半千餘部 於諸部中 獨此一部 冠以金剛 以爲
일재 설반천여부 어제부중 독차일부 관이금강 이위

喻者 此之一部 以約該搏 金剛一喻 廣含諸義 故 以爲
유자 차지일부 이약해박 금강일유 광함제의 고 이위

喻也 般若 此飜爲智慧 何名爲智慧 虛空 不解說法
유야 반야 차번위지혜 하명위지혜 허공 불해설법

聽法 四大 不解說法聽法 只今目前 歷歷孤明 物形段
청법 사대 불해설법청법 지금목전 역력고명 물형단

者 能說法 聽法也 此說聽底一段孤明 輝天鑒地 曜古
자 능설법 청법야 차설청저일단고명 휘천감지 요고

騰今 行住坐臥 語默動靜 一切時 一切處 昭昭靈靈
등금 행주좌와 어묵동정 일체시 일체처 소소영영

了然常知 此所以得 名爲般若也 喻以金剛 意謂
요연상지 차소이득 명위반야야 유이금강 의위

何以 此一段孤明 處萬變而如如不動 淪浩劫而宛爾常
하이 차일단고명 처만변이여여부동 윤호겁이완이상

存 宜乎比乎 金剛之堅也 斬斷竹木精靈 截斷彌天葛藤
존 의호비호 금강지견야 참단죽목정령 절단미천갈등

宜乎比乎金剛之利也 喻以金剛 其意以此 亦名摩訶般
의호비호금강지리야 유이금강 기의이차 역명마하반

若 摩訶 此飜爲大 何名爲大 此一段孤明 語其明則明
야 마하 차번위대 하명위대 차일단고명 어기명즉명

逾日月 言其德則德勝乾坤 其量 廣大 能包虛空 體遍
유일월 언기덕즉덕승건곤 기량 광대 능포허공 체변

一切 無在不在 三世 初無間斷時 十方 都無空缺處
일체 무재부재 삼세 초무간단시 시방 도무공결처

此所以得 名爲摩訶也波羅蜜 此飜爲到彼岸 何名爲
차소이득 명위마하야바라밀 차번위도피안 하명위

到彼岸 迷之者曰衆生 悟之者曰佛 雲收雨霽 海湛空
도피안 미지자왈중생 오지자왈불 운수우제 해담공

澄 霽月光風 相和 山光水色 互映 此悟者之境界也 霧
징 제월광풍 상화 산광수색 호영 차오자지경계야 무

雲籠 上明下暗 日月 掩其明 山川 隱其影 此迷者之
운롱 상명하암 일월 엄기명 산천 은기영 차미자지

境界也 迷之而背覺合塵 名在此岸 悟之而背塵合覺
경계야 미지이배각합진 명재차안 오지이배진합각

名到彼岸 此所以得名爲波羅蜜 經者 徑也 詮如上之
명도피안 차소이득명위바라밀 경자 경야 전여상지

妙旨 開後進之徑路 令不涉乎他途 能直至乎寶所 此
묘지 개후진지경로 영불섭호타도 능직지호보소 차

所以得名爲經也 又略而釋之則摩訶般若者 通凡聖該
소이득명위경야 우략이석지즉마하반야자 통범성해

萬有 廣大無邊之智慧也 金剛般若者 堅不壞利能
만유 광대무변지지혜야 금강반야자 견불괴리능

斷 鎔凡鍛聖之 智慧也 波羅蜜者 悟如是旨 行如是行
단 용범단성지 지혜야 바라밀자 오여시지 행여시행

超二死海 達三德岸也 經者 以如 是言 詮如是旨 現益
초이사해 달삼덕안야 경자 이여 시언 전여시지 현익

當世 成轍後代也 或名金剛般若波羅密經 或名摩訶
당세 성철후대야 혹명금강반야바라밀경 혹명마하

波羅蜜經 其義以此 題以八字 摠無量義經以一部 攝
바라밀경 기의이차 제이팔자 총무량의경이일부 섭

難思敎 題稱八字 念過一藏 經持四句 德勝河沙 經
난사교 제칭팔자 염과일장 경지사구 덕승하사 경

義與果報 佛稱不思議 蓋以此也 然 此 只是約敎論耳
의여과보 불칭부사의 개이차야 연 차 지시약교론이

若約祖宗門下一卷經 言之則入息出息 常轉經 豈待
약약조종문하일권경 언지즉입식출식 상전경 개대

形於紙墨 然後 以爲經哉 所以 古人 道 般若波羅蜜
형어지묵 연후 이위경재 소이 고인 도 반야바라밀

此經 比色聲 唐言 謾 翻譯 梵語 强安名
차경 비색성 당언 만 번역 범어 강안명

捲箔秋光冷 開窓曙氣淸 若能如是解 題目 甚分明
권박추광냉 개창서기청 약능여시해 제목 심분명

일체중생이 안으로 종지(種智, 지혜)를 머금고 있는 것은 부처님과 다름이 없지만, 다만 미혹되고 전도되어 망령되이 아(我)와 인(人)을 헤아려서 업(業)의 구덩이에 빠져 반성할 줄 모르므로 석가도인께서 도솔천으로부터 왕궁에 내려와 마야부인의 태(胎)에 드셨도다.

달이 차서 출생하시어 두루 일곱 걸음을 걸으시며 스스로 사방을 돌아보시고는 하늘과 땅을 가리키며 "천상천하유아독존(天上天下唯我獨尊)"이라고 사자후를 하셨다.

나이 19세가 되어서 네 방향의 문을 두루 돌아보시면서 생로병사(生老病死)의 네 가지 모습이 서로 우리의 육신을 핍박함을 보시고 한 밤중에 성을 넘어 출가하시어 설산에 들어가 6년을 고행하신 후 납월 8일 밤에 샛별을 보시고 깨달음을 얻으셨다. 처음 녹야원에서 사제법륜(四諦法輪)을 굴리시고 다음에 아함과 방등의 법을 설 하사 근기가 차츰 익어가게 하셨다. 그리고 이 반야대부를 설하시어 부처님의 지견(知見)을 열어 보여서 깨달음에 들어가게 하시니, 저 대웅씨(大雄氏)가 반야를 연설하심은 무릇 네 곳에서 십육 회에 달하셨다.

21년 동안 600부를 설하시니 그 가운데서 홀로 이 부분을 금강(金剛)이라고 비유하신 것은 이 일부가 간략하지만 많은 뜻을 지니고 있고, 금강이라는 하나의 비유가 온갖 뜻을 널리 함축하고 있기 때문이다. 반야(般若)는 지혜(智慧)라 번역되니 무엇을 이름 하여 지혜라 하는가. 허공이 설법이나 청법 할 줄 모르며 사대육신 또한 설법, 청법 할 줄 모르나 지금 눈앞에 역역히 고명(孤明, 홀로 분명함)한 모양없는 것이 능히 설법, 청법하느니라.

이 말하고 들을 줄 아는 하나의 고명(一物, 일물)이 하늘과 땅에 꽉 차 있으며 옛과 오늘에 빛나고 드날려서 행주좌와 어묵동정하는 일체시 일체처에 환하게 밝아서 요연히 항상 밝게 하니 이것을 반야라 이름한 것이다.

금강(金剛)으로 비유한 뜻이 무엇인가. 이 하나의 고명(孤明)이 온갖 변화에 처하되, 여여해서 움직이지 않으며 오랜 세월이 흘러도 그대로 항상 있으니 마땅히 금강의 견고함에 비유한 것이요, 대나무 같은 정령(精靈)들을 베어 끊으며 많은 번뇌와 망상들을 절단하니 금강의 예리함에 비유함이 당연하니 금강으로써 비유하신 뜻이 여기에 있는 것이다.

또한 마하반야(摩訶般若)라고도 명하니 마하는 크다고 번역하는데 무엇을 이름하여 크다고 하는가. 이 하나의 고명이 그 밝기를 말하자면 해와 달보다 밝고, 그 덕(德)으로 말하자면 하늘과 땅보다 뛰어나며 그 양이 광대하여 능히 허공을 에워싸고 그 체가 두루 하여서 있고 있지 않음이 없는지라. 과거 현재 미래에 한 순간도 끊일 사이가 없고, 시방에 한 곳도 빈 곳이 없으니 이것이 마하라 이름 한 까닭이다.

바라밀(波羅蜜)은 도피안(到彼岸)이라 번역하니 무엇이 도피안인가. 미혹한 사람을 중생이라 하고 깨달은 사람을 부처라 하니, 구름이 걷히고 비가 개이며 바다가 맑고 하늘도 맑아서 개인 달과 빛과 바람이 서로 화하고 산색과 물빛이 서로 비침은 깨달은 사람의 경계요, 안개가 덮이고 구름이 끼며 위는 맑고 아래는 어두우며 일월(日月)이 그 밝음을 가리우고 산천이 그 자취를 숨김은 미혹한 사람의 경계로다. 미혹하여 깨달음을 등지고 번뇌 속에 있음을 차안(此岸, 이 언덕)에 있다 하고 그것을 깨달아서 번뇌를 등지고 깨달음에 있음을 도피안(到彼岸, 저 언덕에 이름)이라 하니 이것이 바라밀이라 한 까닭이다.

경(經)이라는 것은 경(徑, 길)이니 위와 같이 묘(妙)한 뜻을 말씀하신 것은 후진들이 걸어가야 할 길을 열어서 다른 길로 들어서지 않게 하고 보배의 장소에 곧바로 이르게 함이니, 이것이 경(經)이라 이름 한 것이다.

또 간략하게 간추린다면 마하반야(摩訶般若)는 범부와 성인에 다 통하고 만유(萬有)를 전부 지니고 있어서 광대무변한 지혜요, 금강반야(金剛般若)는 견고해서 파괴되지 않고 예리해서 능히 다른 것을 끊으니, 범부를 녹이고 성인을 단련하는 지혜니라. 바라밀(波羅蜜)은 이와 같은 뜻을 깨닫고 이와 같은 행(行)을 실천해서 이사해(二死海)를 뛰어넘어 삼덕(三德)의 언덕에 도달함이다.

경(經)이란 이와 같은 말로써 이와 같은 뜻을 전해서 당세(當世)에도 이익을 주고 후세 사람에게도 법철(法轍, 법도)을 이루게 하는 것이니 그 이름을 금강반야바라밀경이라 하며 혹은 마하반야바라밀이라고 한다.

제목 여덟 자로 한량없는 뜻을 함축하고 있고 경의 얼마 안 되는 글로써 사량할 수 없는 일대의 가르침을 다 섭수하고 있으니 제목 여덟 자 마하반야바라밀경, 금강반야바라밀경(摩訶般若波羅蜜經, 金剛般若波羅密經)를 일컬음은 부처님의 일대장경을 한꺼번에 다 외움과 같은 것이다.

경(經)의 사구(四句)를 갖는 것은 그 덕(德)이 항하강의 모래수보다 수승하여서 경의 뜻과 과보를 부처님께서 불가사의(不可思議)하다 하신 것이 모두 이런 까닭이다.

만약 조종문하(祖宗門下, 선종(禪宗))에서의 한 권의 경을 말하자면 숨을 들이쉬고 내쉬는 가운데 항상 경을 굴리거니와, 종이에 글로 형상화시킨 연후에만 어찌 경(經)이라 하겠는가.

그러므로 옛사람이 말하기를 "반야바라밀이여! 이 경은 모양과 소리가 아니거늘 당언(唐言)으로 부질없이 번역하고 범어(梵語)로 굳이 두었도다" 하였다.

  捲箔秋光冷 開窓暑氣淸 권박추광냉 개창서기청
  若能如是解 題目甚分明 약능여시해 제목심분명
  발을 걷어 올리니 가을빛이 차갑고
  창문을 여니 서기가 맑도다
  만약 이와 같음을 능히 안다면
  제목이 심히 분명하리라
  - 함허당 득통(涵虛堂 得通)

청운 說

이사해(二死海)는 분단생사(分段生死; 업인에 따라 윤회하는 범부들의 생사)와 변이생사(變易生死; 보살이 세상에 나서 번뇌를 끊고 성불(成佛)하기까지 받는 생사, 미오(迷悟)의 경계를 지나가는 상태)를 말한다.

삼덕(三德)은 대열반이 갖추어져 있는 세 가지 덕으로 법신 또는 지덕(知德), 반야 또는 단덕(斷德), 해탈 또는 은덕(恩德)이다.

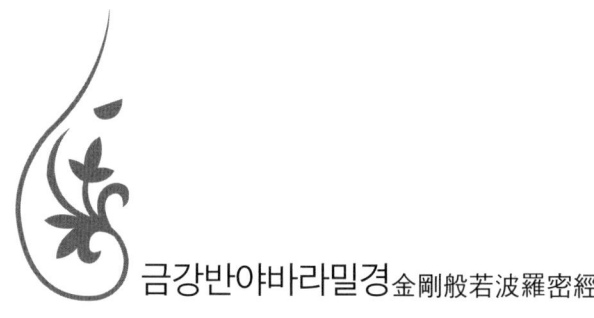

금강반야바라밀경 金剛般若波羅密經

第一 **法會因由分**(법회를 이룬 연유)

如是我聞 一時 佛 在舍衛國祇樹給孤獨園 與大比丘衆 千二百五十人 俱

이와 같이 내가 들었다. 한때 부처님께서 사위국 기수급 고독원에 계시사 큰 비구들 천이백오십인과 더불어 함께 하셨다.

六祖 如者 指義 是者 定詞 阿難 自稱如是之法 我從佛
육조　여자 지의 시자 정사 아난 자칭여시지법 아종불
聞 明不 自說也故 言如是我聞 又我者 性也 性卽我也
문　명부 자설야고 언여시아문 우아자 성야 성즉아야
內外動作 皆由 於性 一切 盡聞 故稱我聞也 言一時者
내외동작 개유 어성 일체 진문 고칭아문야 언일시자
師資會遇齊集之時 佛者 是說法之主 在者 欲明 處所
사자회우제집지시 불자 시설법지주 재자 욕명 처소

舍衛國者 波斯匿王 所居之國 祇者 太子名也 樹是祇
사위국자 파사익왕 소거지국 기자 태자명야 수시기

陀太子 所施 故言祇樹 給孤獨者 須達長者之 異名 園
타태자 소시 고언기수 급고독자 수달장자지 이명 원

本屬須達 故言給孤獨園 佛者 梵語 唐言 覺也 覺義有
본속수달 고언급고독원 불자 범어 당언 각야 각의유

二 一者 外覺 觀諸 法空 二者 內覺知心 空寂 不被六塵
이 일자 외각 관제 법공 이자 내각지심 공적 불피육진

所染 外不見人之過惡 內不 被邪迷 所惑 故名曰覺 覺卽
소염 외불견인지과악 내불 피사미 소혹 고명왈각 각즉

佛也 與者 佛與比丘 同住金剛般若無相道場 故言與也
불야 여자 불여비구 동주금강반야무상도량 고언여야

大比丘者 是大阿羅漢 故 比丘者 是梵語 唐言 能 破六
대비구자 시대아라한 고 비구자 시범어 당언 능 파육

賊 故名比丘 衆 多也 千二百五十人者 其數也 俱者同
적 고명비구 중 다야 천이백오십인자 기수야 구자동

處平等法會
처평등법회

여(如)란 가르키는 뜻이고 시(是)는 결정된 말이다. 아난이 스스로 말하기를 "이와 같이 법(法)을 나는 부처님으로부터 들었다"라고 한 것은 아난이 말하지 않았음을 밝힌 것이다. 그러므로 여시아문이라 한 것이다.

또 아(我)는 성품(性品)이고 성품은 곧 나(我)이니 내외동작(內外動作)이 모두 성품으로 인(因)하여 일체(一切)를 다 들으므로 "내가 들었다"라고 했다. "한때"란 스승과 제자가 함께 모인 때이고 불(佛)은 설법(說法)하는 주인이며 재(在)는 처소를 밝힌 것이고 사위국이란 파사왕이 거주하는 나라이다. 기(祇)는 태자를 말함이고 수(樹)는 기타태자(祇陀太子)가 베푼 것으로 기수라 했다. 급고독(給孤獨)은 수달 장자의 다른 이름이고 원(園)은 본래 수달장자가 지은 것이므로 급고독원이라 한다.

불(佛)이란 범어(梵語)를 말함이요, 당언(唐言)으로는 각(覺)이다. 이는 두 가지 뜻이 있는데, 하나는 외각(外覺)으로 모든 법(法)이 공(空)임을 관(觀)하는 것이고 또 다른 하나는 내각(內覺)으로 마음이 공적(空寂)함을 알아서 육진(六塵)에 물들지 않고 밖으로는 남의 허물을 보지 않고, 안으로는 삿되고 미혹되지 않음을 깨달음이라 부르니, 각(覺)은 곧 불(佛)이다.

여(與, 더불어)란 부처님이 비구와 함께 금강반야의 무상도량에 계셨음을 말한다.

큰 비구란 대아라한을 말함이니, 비구란 범어(梵語)이고 당언(唐言)에는 능히 육적(六賊 : 眼·耳·鼻·舌·身·意)을 깨트렸으므로 비구라 했다.

중(衆)은 많다는 뜻이고, 천이백오십명이란 숫자를 말하니 구(俱,함께)란 평등법회에 함께 했다는 말이다.

爾時 世尊 食時 着衣持鉢 入舍衛大城 乞食 於其城中 次第乞已 還至本處 飯食訖 收衣鉢 洗足已 敷座而坐

그때는 세존께서 공양하실 때라 옷을 입으시고 발우 가지시어 사위대성에 들어가시어 걸식하실 때 그 성중에서 차례로 걸식하여 본래의 처소로 돌아오시어,

공양을 마치시고 옷과 발우를 거두시며 발을 씻으신 뒤 자리를 펴고 앉으셨다.

六祖 爾時者 當此之時 是今辰時 齋時欲至也 著衣持鉢
육조　이시자 당차지시 시금진시 재시욕지야 착의지발

者 爲顯敎示跡 故也 入者 自城外而入也 舍衛大城者 名
자 위현교시적 고야 입자 자성외이입야 사위대성자 명

舍衛國豊德城也 卽波斯匿王 所居之城 故言舍衛大城
사위국풍덕성야 즉파사익왕 소거지성 고언사위대성

也 言乞食者 表如來 能下 心於一切衆生也 次 第者 不
야 언걸식자 표여래 능하 심어일체중생야 차 제자 불

擇貧富 平等以化也 乞已者 如多乞 不過七家 七家數滿
택빈부 평등이화야 걸이자 여다걸 불과칠가 칠가수만

更不 至餘家也 還至本處者 佛意 制諸比丘 除請召外
갱부 지여가야 환지본처자 불의 제제비구 제청소외

不得輒向白衣舍故 云爾 洗足者 如來示現 順同凡夫 故
부득첩향백의사고 운이 세족자 여래시현 순동범부 고

言洗足 又大乘法 不獨以洗手足 爲淨 蓋言洗手足 不若
언세족 우대승법 부독이세수족 위정 개언세수족 불약

淨心 一念心淨 卽罪垢悉除矣 如來 欲說法時 常儀 敷
정심 일념심정 즉죄구실제의 여래 욕설법시 상의 부

施檀座 故言敷座而坐也
시단좌 고언부좌이좌야

이시(爾時)는 바로 그때를 말함이요, 지금의 진시(辰時, 오전 7시부터 9시)니 재시(齋時, 사시로 오전 9시부터 11시)에 가까운 때이다.

착의지발(著衣持鉢)이란 가르침을 나타내기 위해 자취를 보인 것이다.

입(入)이란 성 밖에서 부터 성안으로 들어간 것이다. 사위대성은 사위국의 풍덕성(豊德成)을 이름 하니 곧 파사왕이 사는 성을 사위대성이라 한다.

걸식(乞食)이란 여래께서 능히 일체중생에게 하심(下心)한 것을 나타냄이다. 차제(次第)란 빈부를 가리지 않고 평등하게 교화하신 것이다.

걸이(乞己)란 빌 때, 일곱 집을 넘지 않고 일곱 집의 수가 차면 다시 다른 집에 이르지 않는 것이다. 환지본처(還至本處)란 부처님의 뜻으로 모든 비구를 제어하시어 신도들이 초청하지 않을 때는 갑자기 신도의 집에 가지 못하게 하므로 그렇게 말씀하신 것이다.

세족(洗足)이란 여래가 시현하시어 범부와 같음을 따라서 세족이라 하시니라. 또 대승법에는 홀로 수족을 씻는 것으로 깨끗하다고 여기지 않으니, 대개 수족을 씻는 것은 마음을 깨끗이 하는 것만 같지 못하니, 일념(一念)의 마음이 깨끗하면 곧 죄와 허물이 모두 없어지는 것을 말한다. 여래가 설법하고자 하실 때는 항상 위의로 자리를 펴고 단에 앉으시므로 부좌이좌(敷座而坐)라 하였다.

第二 **善現起請分**(선현이 법을 청하다)

時長老須菩提 在大衆中 卽從座起 偏袒右肩 右膝着地 合掌
恭敬 而白佛言 希有世尊 如來 善護念諸菩薩 善付囑諸菩薩

그때에 장로 수보리가 대중 가운데 있다가 자리에서 일어나 오른쪽 어깨에 옷을 벗어 메고 오른쪽 무릎을 땅에 꿇으며 합장하고 공경히 부처님께 사뢰었다.

희유하십니다. 세존이시여, 여래께서는 모든 보살들을 잘 호념하시며 모든 보살들에게 잘 부촉하십니다.

六祖 何名長老 德尊年高 故名長老 須菩提 是梵語 唐
육조 하명장로 덕존년고 고명장로 수보리 시범어 당

言 解空 隨衆所坐 故云卽從座起 弟子 請益 先行五種
언 해공 수중소좌 고운즉종좌기 제자 청익 선행오종

儀 一者 從座而起 二者 端整衣服 三者 偏袒右肩 右
의 일자 종좌이기 이자 단정의복 삼자 편단우견 우

膝著地 四者 合掌 瞻仰尊顔 目不暫捨 五者 一心恭敬
슬저지 사자 합장 첨앙존안 목부잠사 오자 일심공경

以伸問辭 希有 略說三義 第一希有 能捨金輪王位第
이신문사 희유 약설삼의 제일희유 능사금륜왕위제

二希有 身長丈六 紫磨金容 三十二相 八十種好 三界
이희유 신장장육 자마금용 삼십이상 팔십종호 삼계

無比 第三 希有 性能含吐八萬四千法 三身圓備 以具
무비 제삼 희유 성능함토팔만사천법 삼신원비 이구

上 三義 故云希有也 世尊者 智慧超過三界 無有能及
상 삼의 고운희유야 세존자 지혜초과삼계 무유능급

者 德高更無有 上一切咸恭敬 故曰世尊 護念者 如來
자 덕고갱무유 상일체함공경 고왈세존 호념자 여래

以般若波羅蜜法 護念 諸菩薩 付囑者 如來 以般若波
이반야바라밀법 호념 제보살 부촉자 여래 이반야바

羅蜜法 付囑須菩提 諸菩薩 言善護念者 令諸學人 以
라밀법 부촉수보리 제보살 언선호념자 영제학인 이

般若智 護念自身心 不令妄起憎愛 染外六塵 墮生死
반야지 호념자신심 불령망기증애 염외육진 타생사

苦海 於自心中 念念常正 不令邪起 自性如來 自善護
고해 어자심중 염념상정 불령사기 자성여래 자선호

念 言善付囑者 前念淸淨 付囑後念淸淨 無有間斷 究
념 언선부촉자 전념청정 부촉후념청정 무유간단 구

竟解脫 如來 委曲誨示衆生 及在會之衆 當常 行此 故
경해탈 여래 위곡회시중생 급재회지중 당상 행차 고

云善付囑也 菩薩 是梵語 唐言 道心衆生 亦云覺有情
운선부촉야 보살 시범어 당언 도심중생 역운각유정

道心者 常行恭敬 乃至蠢動含靈 菩敬愛之 無輕慢心
도심자 상행공경 내지준동합령 보경애지 무경만심

故名菩薩
고명보살

장로(長老)란 무엇인가?

덕(德)이 높고 나이가 많음을 말한다.

수보리는 범어(梵語)인데 당나라 말로는 해공(解空)이며, 대중을 따라서 앉았으므로 즉종좌기(卽從座起)라 했다.

제자(弟子)가 법문을 청할 때에는 먼저 다섯 가지 위의를 행하는데,

첫째는 자리에서 일어나고,

둘째는 의복을 단정히 함이고,

셋째는 오른쪽은 옷을 벗어 메고, 오른쪽 무릎은 땅에 붙이고,

넷째는 합장하고 존안을 우러러 눈을 잠시도 떼지 않고,

다섯째는 일심으로 공경하며 묻는 말을 잘 여쭈는 것이다.

희유(希有)는 간략히 세 가지 뜻이 있으니,

제일은 능히 금륜왕위(金輪王位)를 버림이요,

제이는 신장이 육장이면서 얼굴이 금색광명과 32상 80조호를 갖추어 삼계에 비할 자가 없음이요,

제삼 희유는 부처님의 성품이 능히 팔만사천법을 머금기도 하고 토(吐)하기도 하시어 삼신이 원만히 갖추어 있으니 이것으로써 위의 세 가지 뜻을 갖추었으므로 희유하다고 하느니라.

세존이란 지혜가 삼계를 초월하여 능히 미칠 자가 없으며 덕이 높아 다시 위

가 없어서 일체 중생이 다 공경하므로 세상에서 가장 높다 하느니라.

호념(護念)이란 여래가 반야바라밀법으로써 모든 보살들을 호념 함이요, 부촉(付囑)이란 여래가 반야바라밀법으로써 제보살들을 부촉함이니라.

선호념(善護念)이란 모든 학인으로 하여금 반야의 지혜로써 자기의 몸과 마음을 호념해서 이로 하여금 망령되어 증애(憎愛)의 마음을 일으켜서 겉의 육진에 물들어 생사의 고해에 떨어지지 않게 하며, 자기의 마음 가운데 생각 생각을 항상 바르게 하여 삿된 마음이 일어나지 않게 해서 자성여래(自性如來)를 스스로 잘 호념 함이니라.

선부촉(善付囑)이란 앞생각이 청정한 것을 뒷생각까지 청정하게 잘 부촉하여 끊어질 틈이 없게 하여 마침내는 해탈(解脫)하는 것이다.

여래께서 중생과 모여 있는 대중에게 자세히 가르쳐 보여서 항상 이것을 행하게 하므로 선부촉이라 하는 것이다.

보살(菩薩)은 범어(梵語)인데 당(唐) 말로는 도심중생(道心衆生)을 말하며, 또한 각유정(覺有情, 깨달은 중생)이라고도 한다.

도심(道心)이란 항상 공경하여 준동함령(蠢動含靈, 미물)이라도 널리 공경하고 사랑해서 가볍게 여기거나 업신여기지 않으므로 보살이라 한다.

世尊 善男子 善女人 發阿耨多羅三藐三菩提心 應云何住 云何降伏其心

세존이시여, 선남자 선여인이 아뇩다라삼먁보리심을 발하오니 응당 어떻게 머무르며 어떻게 그 마음을 항복 받으오리까.

六祖 善男子者 平坦心也 亦是正定心也 能成就一切功
육조　선남자자 평탄심야 역시정정심야 능성취일체공

德 所往 無碍也 善女人者 是正慧心也 由正慧心 能出
덕 소왕 무애야 선녀인자 시정혜심야 유정혜심 능출

一切有爲無爲功德也 須菩提 問 一切發菩提心人 應云
일체유위무위공덕야 수보리 문 일체발보리심인 응운

何住 云何降伏其心 須菩提 見一切衆生 躁擾不停 猶
하주 운하항복기심 수보리 견일체중생 조요부정 유

如隙塵 搖動之心 起如飄風 念念相續 無有間歇 問 若
여극진 요동지심 기여표풍 염념상속 무유간헐 문 약

欲修行 如何 降伏其心
욕수행 여하 항복기심

　선남자란 평탄한 마음이며 또한 정정심(正定心)이다. 능히 일체 공덕을 성취하여 가는 곳마다 걸림이 없는 것이다.
　선녀인이란 정혜심(正慧心)이니 이 정혜심으로 인(因)하여 능히 일체 유위(有爲)와 무위(無爲)의 공덕(功德)이 나오는 것이다.
　수보리가 묻기를 일체의 보리심을 발(發)한 사람은 응당 어떻게 머물며 어떻게 그 마음을 항복 받으리까. 한 것은, 수보리가 일체 중생을 보니 조급하고 흔들려서 머물지 못하는 것이 마치 창문 틈으로 비치는 티끌과 같으며 요동치는 마음이 회오리바람과 같아서 생각 생각의 이어짐이 그 사이가 없음을 보고, 그런 마음을 항복받게 하고자 물은 것으로, 만약 수행하고자 하면 어떻게 그런 마음을 항복 받아야 합니까? 한 것이다.

佛言 善哉善哉 須菩提 如汝所說 如來 善護念諸菩薩 善付囑諸菩薩 汝今諦聽 當爲汝說 善男子 善女人 發阿耨多羅三藐三菩提心 應如是住 如是降伏其心 唯然世尊 願樂欲聞

부처님께서 말씀하시되 선재선재라.

수보리야, 네 말과 같이 여래는 모든 보살들을 잘 호념하며 모든 보살들을 잘 부촉하느니라. 너희는 지금 자세히 들으라. 마땅히 너희를 위해 설하리라.

선남자 선여인이 아뇩다라삼먁삼보리심을 발하였으면 응당히 이와 같이 머물며 이와 같이 그 마음을 항복 받아야 하느니라.

그렇습니다. 세존이시여, 바라옵건대 듣고자 합니다.

六祖 是 佛 讚嘆須菩提 善得我心 善知我意也 佛 欲說
육조　시　불　찬탄수보리　선득아심　선지아의야　불　욕설

法 常先 戒勅 令諸聽者 一心靜默 吾當爲說 阿之言 無
법　상선　계칙　영제청자　일심정묵　오당위설　아지언　무

耨多羅之言 上 三之言 正藐之言 徧 菩提之言 知 無者
뇩다라지언　상　삼지언　정먁지언　변　보리지언　지　무자

無諸垢染 上者 三界無能比 正者 正見 也 徧者 一切智
무제구염　상자　삼계무능비　정자　정견　야　변자　일체지

也 知者 知一切有情 皆有佛性 但能修行 盡得成佛 佛
야 지자 지일체유정 개유불성 단능수행 진득성불 불

者 卽是無上淸淨般若波羅蜜也 是以 一切 善男子善女
자 즉시무상청정반야바라밀야 시이 일체 선남자선여

人 若欲修行 應知 無上菩提道 應知無上淸淨般若波羅
인 약욕수행 응지 무상보리도 응지무상청정반야바라

蜜多法 以此 降伏其心 唯然者 應樂之辭 願樂者 願佛
밀다법 이차 항복기심 유연자 응낙지사 원요자 원불

廣說 令中下根機 盡得開悟 樂者 樂聞深法 欲聞者 渴
광설 영중하근기 진득개오 요자 요문심법 욕문자 갈

仰慈誨也
앙자회야

이것은 부처님께서 수보리가 여래의 마음과 뜻을 잘 안 것을 찬탄하신 것이다.

부처님께서 설법하고자 하실 때는 항상 먼저 분부하심은 모든 듣는 자로 하여금 한마음 조용하게 함이니, 너는 이제 자세히 들으라, 내가 마땅히 너를 위하여 설(說)하리라 하셨다.

아(阿)는 무(無)이고, 뇩다라(耨多羅)는 상(上)이요, 삼(三)은 정(正)이고, 관(觀)은 변(徧)이요, 보리(菩提)는 지(知)이니, 무(無)는 모든 때묻고 물듬이 없음이요, 상(上)은 삼계에 능히 비할 데가 없음이고, 정(正)은 바른 견해(見解)이고 변(徧)은 일체지(一切智)이며, 지(知)는 일체 유정(有情)이 모두 불성(佛性)이 있어서 다만 능히 수행

(修行)하면 다 성불(成佛)하게 됨을 아는 것이다.

불(佛)은 위없이 맑고 깨끗한 반야바라밀이니, 이것으로써 선남자 선여인이 만약 수행(修行)하고자 한다면 응당히 위없는 보리도(菩提道)를 알고 마땅히 무상청정(無上淸淨) 반야바라밀을 알아서, 이로써 그 마음을 항복 받아야 할 것이니라.

유연(唯然)이란 겸손한 대답을 말한 것이고 원요(願樂)는 부처님께서 널리 설(說)하여 중·하근기 중생으로 하여금 모두 깨닫기를 바람이요, 요(樂)는 깊은 법(法)을 즐거이 들음이고 욕문(欲聞)이란 자비스런 가르침을 간절히 바라는 것이다.

第三 大乘正宗分 (대승의 바른종지)

佛 告須菩提 諸菩薩摩訶薩 應如是降伏其心

부처님께서 수보리에게 말씀하시되 모든 보살마하살은 응당 이와 같이 그 마음을 항복받을지니라.

六祖 前念淸淨 後念淸淨 名爲菩薩 念念不退 雖在塵勞
육조　전념청정　후념청정　명위보살　염념불퇴　수재진로

心常淸淨 名摩訶薩 又慈悲喜捨 種種方便 化導衆生 名
심상청정　명마하살　우자비희사　종종방편　화도중생　명

爲菩薩 能化所化 心無取著 名摩訶薩 恭敬一切衆生 卽
위보살　능화소화　심무취착　명마하살　공경일체중생　즉

是降伏其心 處眞 名不變 契如名 不異 遇諸境界 心無
시항복기심　처진　명불변　계여명　불이　우제경계　심무

變異 名曰眞如 亦云外不假曰眞 內不亂曰如 念念無差曰是
변이　명왈진여　역운외불가왈진　내불란왈여　염념무차왈시

앞생각이 청정(淸淨)하고 뒷생각도 청정한 것을 보살이라 하고, 생각 생각에 물러서지 않고 비록 세상 가운데에 있더라도 마음이 항상 청정한 것을 마하살이라 한다. 또 자비희사의 가지가지 방편으로 중생을 교화하는 것을 보살이라 하고, 능화소화(能化所化, 교화하는 사람이나 교화받는 사람)에 대하여 마음에 집착함이 없는 것을 마하살이라 하니, 일체중생을 공경하는 것은 곧 그 마음을 항복 받는 것이 된다. 진(眞)에 처해 있는 것을 불변(不變)이라 하고, 진여(眞如)라 한다. 또 말하되, 밖으로 거짓됨이 없음을 진(眞)이라 하고, 안으로 산란하지 않음을 여(如)라 하며, 생각 생각에 차별이 없는 것을 시(是)라 한다.

所有一切衆生之類 若卵生 若胎生 若濕生 若化生 若有色 若無色 若有想 若無想 若非有想非無想 我皆令入無餘涅槃 以滅度之

있는 바 일체 중생의 종류인 난생 · 태생 · 습생 · 화생 · 유색 · 무색 · 유상 · 무상 · 비유상 · 비무상을 내가 다 무여열반에 들어가게 해서 그들을 다 멸도하리라.

六祖 卵生者 迷性也 胎生者 習性也 濕生者 隨邪性也
육조 란생자 미성야 태생자 습성야 습생자 수사성야

化生者 見趣性也 迷故 造諸業 習故 常流轉 隨邪 心不
화생자 견취성야 미고 조제업 습고 상류전 수사 심부

定 見趣 多淪墜 起心修心 妄見是非 內不契無相之理
정 견취 다륜추 기심수심 망견시비 내불계무상지리

名爲有色 內心守直 不幸 恭敬供養 但見直心是佛 不修
명위유색 내심수직 불행 공경공양 단견직심시불 불수

福慧 名爲無色 不了中道 眼見耳聞 心想思惟 愛著法相
복혜 명위무색 불료중도 안견이문 심상사유 애착법상

口說佛行 心不依行 名爲有想 迷人 坐禪 一向除妄 不

구설불행 심불의행 명위유상 미인 좌선 일향제망 불
學 慈悲喜捨智慧方便 猶如木石 無有作用 名爲無想 不
학 자비희사지혜방편 유여목석 무유작용 명위무상 불

著二法想故 名若非有想 求理心在故 名若非無想 煩惱
착이법상고 명약비유상 구리심재고 명약비무상 번뇌

萬差 皆是垢心 身形無數 總名衆生 如來 大悲普化 皆
만차 개시구심 신형무수 총명중생 여래 대비보화 개

令得 入無 餘涅槃也 而滅度之者 如來 指示三界九地衆
령득 입무 여열반야 이멸도지자 여래 지시삼계구지중

生 各有涅槃妙心 令自 悟入無餘 無餘者 無習氣煩惱也
생 각유열반묘심 영자 오입무여 무여자 무습기번뇌야

涅槃者 圓滿淸淨依 滅盡一切習氣 令永 不生 方契 此
열반자 원만청정의 멸진일체습기 영영 불생 방계 차

也 度者 渡生死大海也 佛心 平等 普願與一切衆生 同入
야 도자 도생사대해야 불심 평등 보원여일체중생 동입

圓 滿淸淨無餘涅槃 同渡生死大海 同諸佛 所證也 有
원 만청정무여열반 동도생사대해 동제불 소증야 유

人 雖悟雖修 作有所得 心者 却生我相 名爲法我 除盡
인 수오수수 작유소득 심자 각생아상 명위법아 제진

法我 方名滅度也
법아 방명멸도야

난생(卵生)이란 성품(性品)이 미(迷)한 것이고 태생(胎生)이란 습성(習性)이다.

습생(濕生)이란 사(邪)를 따르는 성품이고, 화생(化生)이란 보고 취하는 성(性)이니, 미(迷)한 까닭에 모든 업(業) 지음을 거듭 하므로써 항상 유전(流傳)하고 삿됨을 따르므로 마음이 안정(安定)하지 못함이요, 온갖 갈래를 다 봄으로 빠지고 떨어짐이 많게 되느니라.

마음을 일으키고 마음을 닦아서 망령되이 시비(是非)를 보고 안으로 무상(無相)의 이치(理致)에 계합하지 못함을 유색(有色)이라 한다.

내심(內心)으로 곧은 마음만 지켜서 공경(恭敬) 공양(供養)을 행(行)하지 않고 다만 곧은 마음만을 부처라고 보아서 복(福)과 혜(慧)를 닦지 않음을 무색(無色)이라 한다.

중도(中道)를 요달하지 못하고 눈으로 보고 귀로 들으며 마음으로 사유(思惟)하여 법상(法相)에 애착(愛着)하여 입으로는 불행(佛行)을 말하되 마음으로 행(行)하지 않음을 유상(有想)이라 하고, 미(迷)한 사람이 좌선(坐禪)하여 한결같이 망념(妄念)만을 없애고 자비희사의 지혜방편을 배우지 않아 마치 목석(木石)과 같이 아무 작용이 없는 것을 무상(無想)이라 한다.

두 가지 유무법상(有無法相)에 집착하지 않는 고로 비유상(非有相)이라 하고 이치(理致)를 구(求)하는 마음이 있는 고로 비무상(非無相)이라 한다.

번뇌(煩惱)는 만 가지 차별(差別)이 있으나 이는 다 때 묻은 마음이고, 몸의 형상(形相)이 헤아릴 수가 없으나 모두 중생(衆生)이라 이름 한다.

여래(如來)께서 대자대비로 널리 교화(敎化)하시어 다 무여열반에 들게 하여서 그들을 다 멸도(滅度)케 하신 것은 여래께서 삼계(三界)의 구지중생(九地衆生)의 각각 열반묘심이 없음을 가리켜 보이심으로써, 그들로 하여금 스스로 열반묘심을 깨달아 들어가게 하신 것이다.

무여(無餘)란 습기, 번뇌가 없음이고 열반(涅槃)이란 원만청정의 뜻이니, 일체 습기(習氣)를 모두 멸해서 영원히 번뇌가 다시 나지 않게 하여 바야흐로 이에 계합(契合)하는 것이다.

도(度)란 생사대해를 건너는 것이니 불심(佛心)이 평등해서 널리 일체중생과 더불어 다 같이 원만하고 청정한 무여열반에 들어서 다 같이 생사(生死)의 큰 바다를 건너 과거 모든 부처님이 증득(證得)한 것과 똑같이 되기를 원하는 것이다. 어떤 사람이 비록 깨닫고 수행(修行)을 하나 얻을 것이 있다고 생각하는 사람은 도저히 아상(我相)을 내는 것이 됨으로 그것을 이름 하여 법(法)에 대한 아상(我相)이라 함이니 법에 대한 아상을 모두 없애야 비로써 멸도(滅度)라 하는 것이다.

청운 說

모름지기 대승보살의 몫은 하화중생(下化衆生)의 마음을 내는 것인데, 일체 모든 중생의 뜻인 아홉 가지의 중생, 즉 구류중생(九類衆生)에 대해 먼저 그 뜻을 살펴보면, 보통 구류중생 중 처음의 네 가지인 태란습화(胎卵濕化) 사생(四生)으로 분류하는 것은 온갖 중생들의 태생 방식에 따른 분류라고 할 수 있다. 란생(卵生)은 알에서 태어나는 것으로 조류 등 알에서 태어나는 일체 모든 것들을 말하며, 태생(胎生)은 모태(母胎)에서 태어나는 것으로 온갖 짐승들이나 사람 또한 이곳에 속한다. 습생(濕生)은 습기(濕氣)에서 태어나는 것으로 모든 지렁이, 온갖 벌레들이 이에 속하고, 화생(化生)은 모태나 알 등의 태어나는 원인을 빌리지 않고 스스로의 업력에 따라 화현(化現)하여 태어나는 것으로 천상의 신들이나 지옥의 중생들이 여기에 속한다.

다음의 두 가지 종류인 유색(有色), 무색(無色)의 분류는 형상의 유무에 따른 분류로서 유색은 모양과 빛깔을 가진 중생으로 욕계(欲界)와 색계(色界)에 사는 이를 가리키며, 무색(無色)은 모양과 빛깔이 없는 신들로서 무색계(無色界)에 사는 이를 가리킨다.

그리고 나머지 세 가지의 종류인 유상(有想), 무상(無想), 비유상비무상(非有想非無想)의 분류는 인식의 유무에 따른 분류로서 유상은 인식작용이 있는 중생으로 무상천과 비상비비상처천을 제외한 나머지에 사는 중생이고, 무상(無想)은 인식작용이 없는 중생으로 색계의 세 번째 하늘인 무상천에 사는 중생이며, 비유상비무상(非有想非無想)은 인식작용이 있는 것도 없는 것도 아닌 중생으로 비상비비상천에 속하는 신들을 말한다.

부처님께서는 위와 같은 일체 모든 중생(衆生)들을 다 무여열반의 세계로 인도하겠다는 대서원의 발심을 해야 한다고 말씀하고 계신 것이다.

如是滅度無量無數無邊衆生 實無衆生得滅度者
이와 같이 한량없고 셀 수 없고 가없는 중생을 멸도하되 실로는 멸도를 얻은 중생이 없느니라.

六祖 如是者 指前法也 滅度者 大解脫也 大解脫者 煩
육조　여시자　지전법야　멸도자　대해탈야　대해탈자　번

惱及習氣 一切諸 業障 滅盡 更無有餘 是名大解脫 無
뇌급습기　일체제　업장　멸진　갱무유여　시명대해탈　무

量無數無邊衆生 元各自有一切煩惱 貪瞋惡業 若不斷
량무수무변중생　원각자유일체번뇌　탐진악업　약부단

除 終不得解脫 故言如是滅度 無量無數無邊衆生 一切
제 종부득해탈 고언여시멸도 무량무수무변중생 일체

迷人 悟得自性 始知佛 佛見自相 不有自智 何曾度衆生
미인 오득자성 시지불 불견자상 불유자지 하증도중생

祇爲凡夫 不見 自本心 不識佛意 執著諸相 不達無爲之
기위범부 불견 자본심 불식불의 집착제상 부달무위지

理 我人不除 是名衆生 若離此病 實無衆生 得滅度者 故
리 아인부제 시명중생 약리차병 실무중생 득멸도자 고

言妄心無處 卽菩提 生死涅槃 本平等 又何滅度之有
언망심무처 즉보리 생사열반 본평등 우하멸도지유

여시(如是)란 앞의 법(法, 무여열반)을 가리킴이라. 멸도(滅度)란 대해탈이니 대해탈은 번뇌와 습기와 일체의 모든 업장이 다 멸하여 다시 남음이 없음이니 이를 대해탈(大解脫)이라 한다. 무량(無量), 무수(無數), 무변(無邊) 중생들이 원래 각각 스스로 일체의 번뇌와 탐진치(貪瞋癡)와 악업이 있으니 만일 끊어 제거하지 못하면 마침내 해탈을 얻지 못하므로 그래서 '이와 같이 무량, 무수, 무변중생을 멸도한다.'하신 것이다. 일체 미(迷)한 사람이 자성(自性)을 깨달아 얻으면, 부처님께서는 자신의 상(相)을 보지 않으시며 자신의 지혜도 두지 않음을 비로소 알게 되리니, 하물며 어찌 일찍이 중생을 제도한다는 것이 부처님 가슴에 남아 있겠는가. 다만, 범부가 스스로의 본심을 보지 못하고 부처님의 뜻을 알지 못하며 모든 상(相)에 집착하여서 무위(無爲)의 이치를 통달하지 못하여 아(我)와 인(人)을 제거하지 못함을 중생(衆生)이라 이름 하니, 만약 이 병(病)만 여의면 실로 중생이 멸도를 얻음이 없으리라. 그러므로 망심이 없는 곳이 곧 보리이고 생사열반이 본래 평등이라 하시니 또 어찌 멸도 하는 것이 있겠는가.

何以故 須菩提 若菩薩 有我相人相衆生相壽者相 卽非菩薩

무슨 까닭인가. 수보리야, 만약 보살이 아상 인상 중생상 수자상이 있으면 곧 보살이 아니니라.

六祖 衆生 佛性 本無有異 緣有四相 不入無餘涅槃 有
육조 중생 불성 본무유이 연유사상 불입무여열반 유

四相 卽是衆生 無四相 卽是佛 迷卽佛 是衆生 悟卽衆
사상 즉시중생 무사상 즉시불 미즉불 시중생 오즉중

生 是佛 迷人 恃有財寶學問族姓 輕慢一切人 名我相
생 시불 미인 시유재보학문족성 경만일체인 명아상

雖行仁義禮智信 而意高自負 不行普敬 言我解行仁 義
수행인의예지신 이의고자부 불행보경 언아해행인 의

禮智信 不合敬爾 名人相 好事 歸己 惡事 施人 名衆生
예지신 불합경이 명인상 호사 귀기 악사 시인 명중생

相 對境取捨分別 名壽者相 是爲凡夫四相 修行人 亦有
상 대경취사분별 명수자상 시위범부사상 수행인 역유

四相 心有能所 輕慢衆生 名我相 自恃持戒 輕破戒者
사상 심유능소 경만중생 명아상 자시지계 경파계자

名人相 厭三塗苦 願生諸天 是衆生相 心愛長年 而勤修
명인상 염삼도고 원생제천 시중생상 심애장년 이근수
福業 諸執不忘 是壽者相 有四相 即是衆生 無四相 即
복업 제집불망 시수자상 유사상 즉시중생 무사상 즉
是佛
시불

　중생(衆生)과 불성(佛性)이 본래 다름이 없지만 사상(四相)이 있으므로 인하여 무여열반에 들어가지 못하니, 사상이 있으면 곧 중생이요 사상이 없으면 곧 부처인 것이다.
　마음이 미(迷)하면 부처가 곧 중생이 되고 깨달으면 중생이 곧 부처인 것이다.
　미(迷)한 사람이 재산이나 학문, 족성(族姓) 즉 가문이 있다는 것에 의하여 모든 사람을 업신여기는 것을 아상(我相)이라 하고 비록 인의예지신(仁義禮智信)을 행(行)하나 그 뜻이 높다는 자부심을 가져서 널리 모든 사람들을 공경하지 않고 말하기를 나는 인의예지신을 행 할 줄 안다 하고 남을 공경하지 않음을 인상(人相)이라 한다.
　좋은 일은 자기에게 돌리고 나쁜 일은 남에게 돌리는 것을 중생상(衆生相)이라 하고, 어떤 경계에 대하여 취사분별(取捨分別)하는 것을 수자상(壽者相)이라 하니 이것들을 범부의 사상(四相)이라 한다.
　수행인(修行人)도 또한 사상이 있으니 마음에 능소(能所) 즉 주객관(主客觀)이 있어서 중생을 가볍게 여김을 아상(我相)이라 하고 자기가 계(戒)지킴을 믿고 파계자를 업신여기는 것을 인상(人相)이라 한다.

삼악도의 고통을 싫어하여 천상(天上)에 나기를 원하는 것이 중생상(衆生相)이요, 마음에 오래 사는 것을 좋아해서 부지런히 복업(福業)을 닦아 모든 집착(執着)을 놓지 못하는 것을 수자상(壽者相)이라 하니, 이 사상(四相)이 있으면 곧 중생이요 사상이 없으면 곧 부처이다.

청운 說

능소(能所) : 주관(主觀)과 객관(客觀)으로 나누는 두 가지 생각으로, 너와 나, 애증(愛憎), 선 악(善惡), 유무(有無) 등을 말하는데 이것을 중생심(衆生心)이라고도 한다.

第四 妙行無住分(묘행은 머뭄이 없음)

復次須菩提 菩薩 於法 應無所住 行於布施 所謂不住色布施 不住聲香味觸法布施

또 수보리야, 보살은 법에 응당히 머문 바 없이 보시를 할지니 이른바 색에 머물지 않고 보시하며 성향미촉법에도 머물지 않고 보시해야 하느니라.

六祖 言復次者 連前起後之辭 凡夫布施 只求身相端嚴
육조 언부차자 연전기후지사 범부보시 지구신상단엄

五欲快樂 故 報盡 卽墮三塗 世尊大慈 敎行無相布施者
오욕쾌락 고 보진 즉타삼도 세존대자 교행무상보시자

不求身相端嚴 五欲 快樂 但令 內破慳心 外利益 一切衆
불구신상단엄 오욕 쾌락 단령 내파간심 외이익 일체중

生 如是相應 是名不住色布施
생 여시상응 시명부주색보시

부차(復次)라 한 것은 앞을 이어서 뒷말을 일으키려는 것이니라. 범부의 보시는 다만 몸의 단정하고 엄숙함과 오욕의 쾌락을 구하는 고로 과보가 다하면 곧 삼도(三途: 지옥, 아귀, 축생)에 떨어지므로 세존께서 대자비로 무상보시를 행하게 해서 신상단엄과 오욕쾌락을 구하지 않고 다만 안으로는 간탐심을 깨뜨리고 밖으로는 일체중생을 이익케 하기 위함이니, 이와 같이 상응하는 것을 색에 머물지 않고 보시한다 하느니라.

須菩提 菩薩 應如是布施 不住於相
수보리야, 보살은 응당 이와 같이 보시하여 상에 머물지 않아야 되느니라.

六祖 應如無相心布施者 爲無能施之心 不見有施之物
육조 응여무상심보시자 위무능시지심 불견유시지물
不分別 受施之人 是不住相布施也
불분별 수시지인 시부주상보시야

마땅히 무상심(無相心)으로 보시한다 함은, 능히 보시한다는 마음도 없고 베푸는 물건에 마음을 두지도 않으며 받는 사람도 분별하지 않는 것을 상(相)에 머무르지 않는 보시라 하는 것이다.

何以故 若菩薩 不住相布施 其福德 不可思量
무슨 까닭인가, 만약 보살이 상에 머물지 않고 보시하면 그 복덕은 가히 헤아릴 수 없느니라.

六祖 菩薩 行施 心無所希 其所獲福 如十方虛空 不可
육조 보살 행시 심무소희 기소획복 여시방허공 불가
較量 言復次者 連前起後之辭 一說 布者 普也 施者 散
교량 언부차자 연전기후지사 일설 보자 보야 시자 산

也 能普散盡胸中 妄念習氣煩惱四相 泯絶 無所蘊積 是
야 능보산진흉중 망념습기번뇌사상 민절 무소온적 시

眞布施 又說 布者 普也 不住六塵境界 又不有漏 分別
진보시 우설 보자 보야 부주육진경계 우불유루 분별

惟常返歸淸淨 了萬法空寂 若不了此意 惟增諸業 故須
유상반귀청정 요만법공적 약불료차의 유증제업 고수

內除貪愛 外行布施 內外相應 獲福無量 見人作惡 不見
내제탐애 외행보시 내외상응 획복무량 견인작악 불견

其過 自性不生分別 是爲離 相依 敎修行 心無能所 卽
기과 자성불생분별 시위리 상의 교수행 심무능소 즉

是善法 修行人 心有能所 不名善法 能所心 不滅 終不得
시선법 수행인 심유능소 불명선법 능소심 불멸 종부득

解脫 念念常行般若智 其心福 無量無邊 依如是修行 感得
해탈 염념상행반야지 기심복 무량무변 의여시수행 감득

一切 人天 恭敬供養 是名爲福德 常行不住相布施 普敬
일체 인천 공경공양 시명위복덕 상행부주상보시 보경

一切含生 其功德 無有 邊際 不可稱計也
일체함생 기공덕 무유 변제 불가칭계야

보살이 보시할 때 마음에 바라는 것이 없으면 그 얻은 복이 십방(十方)의 허공과 같아서 가히 헤아릴 수 없다.

일설(一說)에 보(布)란 보(普, 넓다)이고, 시(施)란 산(散, 사방에 흩뿌리다)이니, 가슴 가운데 있는 모든 망념 습관 번뇌를 흩어버리고 사상(四相)을 끊어 없애서 오온(五蘊)의 집착이 없게 하는 것이 참보시라 하며, 또 일설에는 보(布)란 보(普, 넓다)이니 육진경계에 머물지 않으며 유루(流淚)의 분별(分別)도 하지 않고 오직 항상 청정한데 돌아가서 만법(萬法)이 공적(空寂)함을 요달함인 것이다.

만약 이 뜻을 요달하지 못하면 오직 온갖 업(業)만 더하므로 모름지기 안으로 탐애를 없애고 밖으로 보시를 행(行)하여 내외(內外)가 상응하여야 한량없는 복을 얻게 될 것이다.

사람들이 악(惡)지음을 보더라도 그것을 허물로 보지 않아서 자성(自性)가운데 분별을 내지 않음이 상(相)을 여윈 것이고, 가르침에 의하여 수행(修行)해서 마음에 능소(能所)가 없는 것이 곧 선법인 것이다. 수행인이 마음에 능소가 있으면 선법(善法)이라 할 수 없고 능소심이 멸하지 않으면 마침내 해탈하지 못하니 순간순간 항상 반야지혜를 행하여야 그 복이 무량무변한 것이 된다.

이 같은 수행에 의지하면, 일체 인천의 공경과 공양을 받을지니 이것을 복덕이라 하는 것이다.

항상 부주상보시(不住相布施)를 행하여 널리 일체 모든 생명을 공경하면 그 공덕이 끝이 없어서 가히 헤아릴 수 없는 것이다.

冶父　西川十揚錦 添花色轉鮮 欲知端的意 北斗 面南看
야보　서천십양금 첨화색전선 욕지단적의 북두 면남간

虛空 不 絲毫念〈毫 一作頭〉所以彰名大覺仙
허공 불 사호념〈호 일작두〉소이창명대각선

서천(中國) 십양금(좋은 비단)에

꽃을 수놓으니 색이 더욱 곱도다.

분명한 뜻을 알고자 한다면

북두칠성을 남쪽을 향하여 볼지어다.

허공은 털끝만한 생각도 꺼리 끼지 않으니

이 까닭에 대각선이라 이름 함이로다.

說誼 般若智 以爲質 萬行花 以爲文 智行 相資 文質 彬
설의　반야지　이위질　만행화　이위문　지행　상자　문질　빈

彬 伊麽則以智起行智愈明 錦上添花色轉鮮 又行施 固
빈　이마즉이지기행지유명　금상첨화색전선　우행시　고

已偉然 更能無住 其施益大 所以 道 西川十揚錦 添花
이위연　갱능무주　기시익대　소이　도　서천십양금　첨화

色轉鮮 欲知端的意 北斗 面南看 北斗 南星 位不別 言南
색전선　욕지단적의　북두　면남간　북두　남성　위불별　언남

言北 也由情 伊麽則行施 卽無住 一時無前後 逈出有無
언북　야유정　이마즉행시　즉무주　일시무전후　형출유무

之境 不坐格外之機 簫然無寄 量同大虛 大覺之名 於是
지경　부좌격외지기　소연무기　양동대허　대각지명　어시

乎彰 無量福聚 於是乎成
호창　무량복취　어시호성

반야지혜(般若智慧)로 그 바탕을 삼고 만행의 꽃으로 무늬를 놓으니, 지혜와 만행이 서로 어울려 무늬와 바탕이 빛나고 빛난다.

이러한 즉 지혜로서 행(行)을 일으키니 지혜가 더욱 밝아져서 비단위에 꽃을 더한 듯 색이 더욱 곱도다. 또한 보시를 행하는 것이 진실로 이미 훌륭하거니와, 그 위에 다시 능히 주(住)함이 없으니 그 베풂은 더 더욱 크도다. 이 까닭에 "서천의 좋은 비단에 꽃을 수놓으니 색이 더욱 곱도다"라고 한 것이다. 또 그 "분명한 뜻을 알고자 한다면 북두칠성을 남쪽으로 향해 볼지어다" 하였는데, 북두(北斗)와 남성(南星)이 그 위치가 다르지 않거늘 남(南)이다 말하고 북(北)이다 말하는 것은 또한 정(情)에서 말미암은 까닭이다.

그러므로 보시(布施)는 무주상(無住相)으로 행하면 일시에 전후가 없어서 멀리 유무(有無)의 경계를 벗어나고 격외(格外)의 근기에도 앉지 않으니 소연히 의지함이 없어 그 양(量)이 허공과 같아서, 대각(佛)의 이름이 여기서 빛나며 무량(無量)의 복덕이 여기에 이루어지도다.

須菩提 於意云何 東方虛空 可思量不 不也 世尊
수보리야, 어떻게 생각하느냐. 동쪽 허공을 가히 생각으로 헤아릴 수 있겠느냐, 못하겠습니다. 세존이시여.

六祖 緣不住相布施 所得功德 不可稱量 佛 以東方虛空
육조   연부주상보시 소득공덕 불가칭량 불 이동방허공
爲譬喩 故問須菩提 東方虛空可思量不 不也 世尊者
위비유 고문수보리 동방허공가사량부 불야 세존자

須菩提 東方虛空 不可思量
수보리 동방허공 불가사량

상(相)에 집착(執着)하지 않은 보시로 인하여 얻은 그 공덕은 가히 헤아릴 수 없음이라. 부처님이 동방허공을 비유로 삼고 수보리에게 물으시되 동방허공을 가히 생각으로 헤아릴 수 있겠느냐 물으시니, 못하겠습니다. 한 것은 수보리가 동쪽 허공을 가히 생각으로 헤아릴 수 없음을 말한 것이다.

須菩提 南西北方 四維上下虛空 可思量不 不也 世尊 須菩提 菩薩 無住相布施 福德 亦復如是 不可思量
수보리야, 남서북방과 사유상하허공을 가히 생각으로 헤아릴 수 있겠느냐. 못하겠습니다. 세존이시여. 수보리야, 보살의 상에 머물지 않고 보시한 복덕도 또한 이와 같아서 가히 생각으로 헤아릴 수 없느니라.

六祖 佛言 虛空 無有邊際 不可思度 菩薩 無住相布施
육조 불언 허공 무유변제 불가사도 보살 무주상보시
所得功德 亦如 虛空 不可度量 無邊際也 世界中大者
소득공덕 역여 허공 불가도량 무변제야 세계중대자
莫過虛空 一切性中大者 莫過佛性 何以故 凡有形相者
막과허공 일체성중대자 막과불성 하이고 범유형상자
不得名爲大 虛空 無形相 故 得名爲大 一切諸性 皆有
부득명위대 허공 무형상 고 득명위대 일체제성 개유

限量 不得名爲大 不成 無限量 故 名爲大 此虛空中 本
한량 부득명위대 불성 무한량 고 명위대 차허공중 본

無東西南北 若見東西南北 亦是住相 不得 解脫 不成
무동서남북 약견동서남북 역시주상 부득 해탈 불성

本無我人衆生壽者 若有此四相 可見 卽是衆生相 不名
본무아인중생수자 약유차사상 가견 즉시중생상 불명

佛性 亦所謂住相布施也 雖於妄心中 說有東西南北 在
불성 역소위주상보시야 수어망심중 설유동서남북 재

理則何有 所謂東西不眞 南北曷異 自性 本來空寂 混融
리즉하유 소위동서부진 남북갈이 자성 본래공적 혼융

無分別 故 如來 深讚不生分別也
무분별 고 여래 심찬불생분별야

부처님께서 말씀하시되 허공은 끝이 없어서 생각으로 헤아릴 수 없으니, 보살이 상(相)에 주하지 않고 보시하여 얻은 공덕도 마치 허공과 같아서 헤아릴 수 없고 끝이 없다 하셨다.

세계 가운데서 가장 큰 것은 허공만큼 큰 것이 없고 일체 성품가운데 불성(佛性)보다 큰 것이 없음이다. 왜냐하면 무릇 형상이 있는 것을 크다고 이름 할 수 없으나, 허공은 형상이 없으므로 크다고 할 수 있는 것이다.

즉 일체의 모든 성품은 다 한량이 있어서 크다고 하지 못하거니와 불성(佛性)을 한량이 없어서 크다고 이름 할 수 있는 것이다. 이 허공가운데는 본래 동서남북이 없으나 만약 동서남북을 본다면 역시 상(相)에 주(住)함이 되어서 해탈을 얻지 못함이요, 불성(佛性)에는 본래 아, 인, 중생, 수자(我‧人‧衆生‧壽者)가 없으나 만약 이 사상(四相)이 있음을 보면 곧 중생상인 것이어서 불성이라 이름 할 수 없으며 또한 상(相)에 주(住)하는 보시가 되는 것이다.

비록 망심가운데는 동서남북이 있다고 설하나 이치에 있어서는 무엇이 있겠는가. 이른바 동서가 참이 아닌데 어찌 남북인들 다르리오."

자성(自性)이 본래 공적하고 혼융하여 분별이 없음으로 여래께서 분별을 내지 않는 것을 깊이 찬탄하셨다.

須菩提 菩薩 但應如所敎住
수보리야, 보살은 다만 응당히 가르친 바와 같이 머물지니라.

六祖 應者 順也 但順如上所說之敎 住無相布施 卽菩薩也
육조 응자 순야 단순여상소설지교 주무상보시 즉살살야

응(應)이란 따른다는 뜻이니, 다만 위와 같이 설한 가르침을 따라서 무상보시에 주(住)하면 곧 보살인 것이다.

說誼 住相布施 徒眩人之耳目 違於無住大道 但感有漏
설의 주상보시 도현인지이목 위어무주대도 단감유루

之報 失於無邊大理 猶彼日月 但能代明而不能通乎晝
지보 실어무변대리 유피일월 단능대명이불능통호주

夜 無住行施 身心 澹寂 內外一如 契乎無住大道 終獲
야 무주행시 신심 담적 내외일여 계호무주대도 종획

無邊大利 如彼大虛 廓然無際 以之處己 推以及人 其爲
무변대리 여피대허 확연무제 이지처기 추이급인 기위

福德 實爲難量 福德難量 且置 怎生是無住底道理 豁然
복덕 실위난량 복덕난량 차치 즘생시무주저도리 활연

運用靈通 廓縱橫自在 且道 還有住着處 妙體無處
운용령통 확이종횡자재 차도 환유주착처마 묘체무처

所 通身沒 慳有
소 통신몰 종유

　　상(相)에 머물러 보시하는 것은 한갖 부질없이 남의 이목을 현혹시키는 것이며 무주대도(無住大道)를 어김이라. 다만 유루(有漏)의 과보만 얻고 가없는 큰 이익을 잃어버림이 마치 저 해와 달이 교대로 밝아서 능히 주야를 통할 수 없는 것과 같도다. 무주상보시를 행하는 것은 심신이 담적하고 안과 밖이 한결같아서 무주대도(無住大道)에 계합하여 마침내 끝없는 큰 이익을 얻는 것이 마치 저 허공이 넓고 끝이 없는 것과 같도다. 그로써 자기에게도 처하며 미루어 남에게도 미치게 함이니 그 복덕의 됨이 실로 헤아리기 어렵도다. 복덕이 헤아리기 어려움을 그만두고 무엇이 무주의 도리인가. 활연히 운용하여 신령스럽게 통함이요, 확 트여 종횡으로 자재함이로다. 또 말하라. 주착처(住着處)가 있는가, 묘체는 원래 처소가 없으니 온몸이 자취가 없음이로다.

第五 如理實見分(바른 도리를 실답게 봄)

須菩提 於意云何 可以身相 見如來不 不也 世尊 不可以
身相 得見如來

수보리야, 어떻게 생각하느냐. 몸의 모양으로써 여래를 볼 수 있겠느냐. 못 보겠습니다. 세존이시여, 몸의 모양으로써 여래를 볼 수 없습니다.

六祖 色身 卽有相 法身 卽無相 色身者 四大和合 父母
육조   색신 즉유상 법신 즉무상 색신자 사대화합 부모
所生 肉眼所見 法身者 無有形段 非有靑黃赤白 無一切
소생 육안소견 법신자 무유형단 비유청황적백 무일체
相貌 非肉眼能見 慧眼 乃能見之 凡夫 但見色身如來 不
상모 비육안능견 혜안 내능견지 범부 단견색신여래 불
見法身如來 法身 量等虛空 是故 佛問須菩提 可以身相
견법신여래 법신 양등허공 시고 불문수보리 가이신상
見如來不 須菩提 知凡夫 但見色身如來 不見法身如來
견여래부 수보리 지범부 단견색신여래 불견법신여래
故 言不也 世尊 不可以身相 得見如來
고 언불야 세존 불가이신상 득견여래

색신은 곧 상(相)이 있음이요, 법신은 상(相)이 없음이니, 색신이란 사대(지, 수,

화, 풍)가 화합하여 부모가 낳았기에 육안으로 볼 수 있으나, 법신은 형상이 없어서 청, 황, 적, 백이 없어서 일체 형상과 모양이 없어 육안으로 능히 볼 수 없음으로, 혜안(慧眼)이라야 능히 볼 수 있느니라.

범부는 다만 색신으로 된 여래를 보고 법신여래는 보지 못하니 법신은 그 양이 허공과 같음이라. 이런고로 부처님께서 수보리에게 물으시되 가히 신상(身相)으로 여래를 볼 수 있느냐 하시니 수보리가 범부는 다만 색신여래만 보고 법신여래는 보지 못함을 알고서 못 보겠습니다. 세존이시여, 몸의 모양으로써 여래는 볼 수 없습니다. 라고 한 것이다.

說誼 佛擧身相問空生 欲明妙圓無相身 空生 本是獅子
설의　불거신상문공생　욕명묘원무상신　공생　본시사자

兒 不曾逐塊能 咬人 莫以無相云是斷 非形 終不外於形
아　부증축괴능　교인　막이무상운시단　비형　종불외어형

부처님께서 몸 모양을 들어 수보리에게 물으시어 묘하고 원만한 무상신(無相身)을 밝히고자 하셨는데, 수보리는 본래 사자새끼라서 일찍이 흙덩이를 쫓지 아니하고 사람을 물었도다(본질을 추구). 무상(無相)으로 의심을 끊었다고 이르지 말라. 형상이 아닌 것은 마침내 형상을 벗어난 것이다.

何以故 如來所說身相 卽非身相
무슨 까닭인가 하면 여래께서 설하신 몸의 모양은 곧 몸의 모양이 아닙니다.

六祖 色身 是相 法身 是性 一切善惡 盡由法身 不由色
육조　색신 시상 법신 시성 일체선악 진유법신 불유색

身 法身 若作惡 色身 不生善處 法身 作善 色身 不墮惡
신 법신 약작악 색신 불생선처 법신 작선 색신 불타악

處 凡夫 唯見色身 不見法身 不能行無住相布施 不能於
처 범부 유견색신 불견법신 불능행무주상보시 불능어

一切處 行平等行 不能 普敬一切衆生 見法身者 即能
일체처 행평등행 불능 보경일체중생 견법신자 즉능

行無住相布施 即能普敬一切衆生 即能修般若波羅蜜
행무주상보시 즉능보경일체중생 즉능수반야바라밀

行 方信一切衆生 同一眞性 本來淸淨 無有垢穢 具足
행 방신일체중생 동일진성 본래청정 무유구예 구족

恒 沙妙用
항 사묘용

색신은 상(相)이고, 법신은 성(性)이라, 일체 선악이 다 법신으로부터 유래한 것이고 색신으로부터 말미암지 않으니, 법신이 만약 악(惡)을 지으면 색신이 좋은 곳에 나지 않고 법신이 선(善)을 지으면 색신이 나쁜 곳에 떨어지지 않느니라. 범부는 오직 색신만 보고 법신을 보지 못하므로 능히 무주상보시를 행하지 못하며 일체처에 평등한 행(行)을 행하지 못하여 널리 일체중생을 능히 공경하지 못하여 능히 반야바라밀행을 닦아서 바야흐로 일체중생이 동일한 참된 성품이라 본래청정하여, 때 묻거나 더러움이 없어서 많은 묘한 작용이 구족됨을 믿는 것이니라.

圭峰 非但佛身 無相 但是一切凡聖依正有爲之相 盡是
규봉 비단불신 무상 단시일체범성의정유위지상 진시

虛妄 以從妄念 所變現故 妄念 本空 所變 何實 故 起信
허망 이종망념 소변현고 망념 본공 소변 하실 고 기신

云一切境界 唯依妄念 而有 差別 若離心念 則無一切境
운일체경계 유의망념 이유 차별 약리심념 즉무일체경

界之相 若見諸相等者 遮離色觀空也 恐聞 相是虛妄
계지상 약견제상등자 차리색관공야 공문 상시허망

又別求無相佛身 故 云相即非相 便是如來 不唯佛化身
우별구무상불신 고 운상즉비상 변시여래 불유불화신

無相是如來 所見一切相 皆無相 即如來也 故 起信 云
무상시여래 소견일체상 개무상 즉여래야 고 기신 운

所言覺義者 謂心體離念 離念相者 等虛空界 即是如來
소언각의자 위심체리념 이념상자 등허공계 즉시여래

平等法身 肇 云行合解通 則爲見佛 偈 云離彼 是如來
평등법신 조 운행합해통 즉위견불 게 운리피 시여래

者 離彼三相 是法身如來 無著 則於色身 但離遍計 不
자 이피삼상 시법신여래 무착 즉어색신 단리변계 부

執色相 即眞色身 故 彼論 云此爲顯示如來色身 又此
집색상 즉진색신 고 피론 운차위현시여래색신 우차

當第三欲得 色身住處
당제삼욕득 색신주처

비단 불신(佛身)이 무상일 뿐만 아니라 다만 일체 범성, 의보, 정보(범성이 의지하고 있는 세간, 기세간 등)인 일체 유위(有爲)의 상(相)이 모두 허망한 것이니, 이는 망념(妄念)으로부터 변하여 나타난 까닭이다. 망념(妄念)은 본래 공(空)한 것인데, 변함이 어찌 실답겠는가. 고(故)로 기신론에 이르되 일체의 경계가 오직 망념에 의하여 차별이 있으니 심념(心念)을 떠나면 곧 일체 경계에 상(相)이 없다고 했다. "약견제상" 등이란 색(色)을 떠나서 공(空)을 관하는 것을 막은 것이니 상(相)이 허망하다 함은 듣고 따로 모양없는 불신(佛身)을 구할까 두려워하므로 이르되 "형상을 고정된 형상이 아닌 것으로 볼 때가 곧 여래인 것이다" 한 것이니 오직 부처님의 화신(化身)이 무상(無相)한 것을 여래라 할 뿐만 아니라, 보이는 일체의 상(相)이 모두 무상(無相)한 것이었을 때 곧 여래라 하느니라. 고(故)로 기신론에 이르되 "각(覺)의 뜻이란 몸과 마음에서 생각이 떠난 것이니 관념(觀念)의 상(相)이 허공계와 같아서 곧 여래의 평등법신"이라 하며, 승조법사가 이르되 행(行)이 합하고 해(解)가 통하면 곧 부처를 본다고 한다.

게(偈)에 이르되, 저(彼)를 떠난 것을 여래라 한 것은 저 삼상(三相)을 떠남이 법신여래(法身如來)라 하니, 무착은 곧 색신에 다만 변계(遍計)만 여의어서 색상을 집착하지 않으면 곧 참다운 색신(色身)이라 했다. 그러므로 저 논(論)에 이르되 이는 여래의 색신을 드러내기 위함이며, 또 이는 제삼색신의 주처(住處)를 얻고자 하는데 해당한 것이라 했다.

佛告 須菩提 凡所有相 皆是虛妄 若見諸相非相 卽見如來

부처님께서 수보리에게 이르시되 무릇 형상이 있는 것은 다 허망하니 만약 모든 형상을 형상 아닌 것으로 보면 곧 여래를 보리라.

六祖 如來 欲顯法身 故說一切諸相 皆是虛妄 若悟一切
육조　여래 욕현법신 고설일체제상 개시허망 약오일체

諸相 虛妄不實 卽見如來無相之理也
제상 허망부실 즉견여래무상지리야

　　여래께서 법신을 나타내고자 하므로 말씀하시기를 "일체 모든 상(相)이 모두 허망한 것이니 만약 일체 모든 상이 허망하여 실(實)이 아님을 깨달으면 곧 여래의 무상(無相)한 이치를 보리라" 하셨다.

宗鏡 金身顯煥 巍巍海上孤峯 妙相莊嚴 皎皎星中圓月
종경　금신현환 외외해상고봉 묘상장엄 교교성중원월

雖然如是畢竟非眞 經 云眞非眞恐迷 我常不開演 且道
수연여시필경비진 경 운진비진공미 아상불개연 차도

意在於何 一月 普現一切水 一切水月 一月攝
의재어하 일월 보현일체수 일체수월 일월섭

　　금신(金身)이 환하게 나투심이여, 높고 높은 바다위의 고봉(孤峰)이요, 묘상(妙相)이 장엄함이여, 밝고 밝은 별중에 뚜렷한 달이로다. 비록 이 같으나 필경에 진(眞)이 아니니 경(經)에 이르되 진(眞)과 비진(非眞)에 이혹 될까 두려워하여 내가 늘 열어 퍼지 않는다고 하시었다. 뜻이 어디에 있는가. 하나의 달(月)이 모든 물에 널리 나타나니 모든 물에 비친 달은 하나의 달에 포섭됨이로다.

說誼 報化高大 一似海嶽之巍巍 妙相端嚴 猶如江月之
설의　보화고대　일사해악지외외　묘상단엄　유여강월지

皎皎 然 此身此相 遇緣卽現 緣盡則隱 任它報化隱現
교교　연　차신차상　우연즉현　연진즉은　임타보화은현

寂光眞身 常湛湛 從敎水月 有無 天上一輪 常皎皎 一
적광진신　상담담　종교수월　유무　천상일륜　상교교　일

身 應爲千百億 千百億身 一身攝
신　응위천백억　천백억신　일신섭

　보신(報身) 화신(化身)의 높고 큼은 마치 바다위에 산봉우리가 높음과 같고, 묘상(妙相)의 단엄(端嚴)함은 마치 강(江)에 비친 달처럼 밝고 밝도다. 그러나 이 몸과 이 상(相)은 인연을 만나면 곧 나타나고 인연이 다하면 곧 숨으니 보신 화신이 숨고 나타나는데 맡겨 두어서 대적광(大寂光)의 진신(眞身)은 늘 담담함이요, 물속의 달이 있고 없음에 맡겨 두어서 하늘에 뜬 한 달은 항상 밝고 밝도다. 일신(一身)이 응(應)하여 천백억(千百億)이 됨이여, 천백억 화신은 일신(一身)에 포섭됨이로다.

청운 說

범소유상(凡所有相)

　'무릇 형상이 있는 모든 것'이란 일체 제법으로써, 눈, 귀, 코, 혀, 몸, 뜻이라는 주체와 색, 성, 향, 미, 촉, 법이라는 대상 전체 즉 눈에 보이는 모든 형상, 귀에 들리는 모든 소리, 냄새, 맛, 몸으로 감촉되며 뜻으로 헤아려지는 일체경계를 포함한다.

개시허망(皆是虛妄)

고정된 실체가 없어 텅비어 있다는 말이며, 현상계의 무아(無我), 무상(無相), 고(苦), 공(空), 인연(因緣), 무집착(無執着) 등으로 표현하고 있다.

또한 근본불교의 연기법과 삼법인(三法印)의 제행무상(諸行無常, 제법무아(諸法無我), 일체개고(一切皆苦, 열반적정(涅槃寂靜)으로도 표현한다)를 의미하기도 한다.

그런데 우리 중생은 무명(無明) 때문에 본래불(本來佛)임을 망각하고 어떤것에 상(相)을 세우고 그 상(相)에 집착(執着)하면서부터 고(苦)가 따르게 되고 생사(生死)에 윤회(輪回)하게 되는 것이다.

第六 **正信希有分**(바른 믿음은 희유하다)

須菩提 白佛言 世尊 頗有衆生 得聞如是言說 章句 生實信不

수보리가 부처님께 사뢰었다. 세존이시여, 자못 어떤 중생이 이와 같은 말씀을 듣고서 진실한 믿음을 내오리까.

六祖 須菩提 問此法 甚深 難信難解 末世凡夫 智慧微
육조　수보리　문차법　심심　난신난해　말세범부　지혜미
劣 云何信入 佛答在下
열 운하신입 불답재하

수보리가 이 법은 심히 깊어서 믿기 어려웁고 알기 어려움이라, 말세의 범부는 지혜가 적고 하열해서 어떻게 믿어 들어가겠습니까. 하고 물었다. 부처님께서는 아래와 같이 답하셨다.

佛 告須菩提 莫作是說 如來滅後後五百歲 有持戒修福者 於此章句 能生信心 以此爲實

부처님이 수보리에게 이르시되 그런 말하지 말아라. 여래가 멸도한 뒤 후 오백 세에도 계를 지니고 복을 닦는 자가 있어서 이 말씀에 능히 믿는 마음을 내고 이로써 실다움을 삼으리라.

說誼 上來問答 只明得無住無相之義 若是無住無相之
　설의　상래문답 지명득무주무상지의 약시무주무상지

義 甚深難解 不近 人情 去聖愈遠 容有不信 故 問也 然
의 심심난해 불근 인정 거성유원 용유불신 고 문야 연

此固不外乎衆生 日用 亦乃該通過 現未來 由是 雖是末
차고불외호중생 일용 역내해통과 현미래 유시 수시말

世 如有勝機 必當生信以 此無住無相之義 以爲實然
세 여유승기 필당생신이 차무주무상지의 이위실연

也 無相 是虛玄妙道 無住 是無著眞宗 若是眞宗妙道
야 무상 시허현묘도 무주 시무착진종 약시진종묘도

直是法身向上 非干向下 恁麼則以此爲實者 法身向上
직시법신향상 비간향하 임마즉이차위실자 법신향상

以爲 實也 法身向上 爲實則三身 皆屬向下 是權非實明
이위 실야 법신향상 위실즉삼신 개속향하 시권비실명

矣 爲甚如此 三身 皆是對機示現 畢竟非眞故也 趙州
의 위심여차 삼신 개시대기시현 필경비진고야 조주

道 金佛 不度爐 木佛 不度火 泥佛 不度水 眞佛 內裏座
도 금불 부도로 목불 부도화 니불 부도수 진불 내이좌

眞佛 豈不是向上人也 三佛 豈不是三身也 臨濟 道 入
진불 개불시향상인야 삼불 개불시삼신야 임제 도 입

淨妙國土中 著淨妙衣 說法身佛 入無差別國土中 著無
정묘국토중 착정묘의 설법신불 입무차별국토중 착무

差別衣 說報身佛 入解脫國土中 著解脫衣 說化身佛 大
차별의 설보신불 입해탈국토중 착해탈의 설화신불 대

慧 拈云 要識臨濟老漢麽 法身報身化身 咄哉 魍魎妖
혜 염운 요식임제노한마 법신보신화신 돌재 망량요

精 三眼國中 逢著 笑殺無位眞人 則向上 是實 三身 是
정 삼안국중 봉착 소살무위진인 즉향상 시실 삼신 시

權 灼然灼然 又經 顯法身 以此爲實者 法身 以爲實也
권 작연작연 우경 현법신 이차위실자 법신 이위실야

法身 是實則報化 是權非實 明矣
법신 시실즉보화 시권비실 명의

위의 문답은 다만 무주(無住) 무상(無相)의 뜻을 밝힌 것이니라. 만약 무주 무상의 뜻이라면 심히 깊고 알기 어려워서 우리 상식에 가깝지 않으니, 성인에 이르기가 더욱 멀어져서 혹 믿지 못함이 있을까 하여 물은 것이니라. 그러나 이것은 진실로 중생의 일용(日用)에서 벗어나지 않은 것이며, 또한 과거, 현재, 미래를 전부 갖추고 있는 것이로다. 이로 말미암아 비록 말세라 하나 만약 수승한 근기가 있으면 반드시 마땅히 신심을 내어서 이 무주(無住), 무상(無相)의 뜻으로써 실다움을 삼으리라. 무상(無相)은 텅 비어 현묘한 도(道)이고 무주(無住)는 집착이 없는 참된 근본(眞宗)이니 만약 이 진종(眞宗), 묘도(妙道)라면 바로 이 법신향상(法身向上; 법신보다 더 높은 것)이라. 향하(向下)에는 간섭되지 않으니, 이러한 즉 이로써 실다움을 삼는다 하는 것은 법신향상(法身向上)으로써 실다움을 삼음이라. 법신향상으로 실다움을 삼은즉 삼신(三身)이 모두 향하(向下)에 속하여서, 이는 방편이고 실이 아님이 분명하도다. 무엇 때문에 이 같은가. 삼신(三身)이 다 근기에 따라서 나타나므로 필경엔 진(眞)이 아닌 까닭이니라. 조주(趙州)스님이 말씀하시되 "금불(金佛)은 화로를 건너가지 못하고 목불(木佛)을 불을 건너가지 못하고, 니불(泥佛; 진흙불)은 물을 건너가지 못하지만 진불(眞佛)은 내 안에 앉아 있으시다" 하시니 진불(眞佛)이 어찌 이 향상인(向上人)이 아니며 삼(金·木·泥)불(佛)이 어찌 이 삼신(三身)이 아니리오. 임제(臨濟)가 이르시되 정묘국토 중에 들어가서 정묘한 옷을 입고 법신불을 설하며 차별없는 국토에 들어가서 차별없는 옷을 입고 보신불을 설하며, 해탈국토 중에 들어가서 해탈의 옷을 입고 화신불을 설한다. 하시거늘 대혜(大慧 종고) 스님이 이것을 들어 말하되 임제 스님의 취지를 알고자 하는가.

법신(法身), 화신(化身), 보신(報身)이여, 돌재(咄哉)라, 도깨비 요정이로다. 삼안국중(三眼國中)에서 만나 무위진인(無位眞人; 차별심이 없는 참된 사람)을 비웃는다 하시니 곧 향상(向上)은 이 진실이요 삼신(三身)은 방편인 것이 분명하도다. 또 경(經)에서는 법신을 나타냄이라. 이것으로써 실다움을 삼는다는 것은 법신으로써 실(實)을 삼음이니 법신이 실(實)이라면 보신, 화신은 방편이요 실(實)이 아님이 분명하도다.

當知是人 不於一佛二佛三四五佛 而種善根 已於 無量千萬佛所 種諸善根 聞是章句 乃至一念生 淨信者

마땅히 알라. 이 사람은 한 부처나 두 부처나 셋, 넷, 다섯 부처님께 선근을 심었을 뿐만 아니라 이미 한량없는 천만 부처님께 모든 선근을 심었으므로 이 말씀을 듣고 한 순간이라도 깨끗한 믿음을 내는 사람이니라.

六祖 於我滅後後五百歲 若復有人 能持大乘無相戒 不
육조　어아멸후후오백세 약부유인 능지대승무상계 불

忘取諸相 不造生 死業 一切時中 心常空寂 不被諸相所
망취제상 부조생 사업 일체시중 심상공적 불피제상소

縛 卽是無所住心 於如來深法 心能 信入 此人 所有言
박 즉시무소주심 어여래심법 심능 신입 차인 소유언

說 眞實可信 何以故 此人不於一 劫二劫三四五劫 而種
설 진실가신 하이고 차인불어일 겁이겁삼사오겁 이종

善根 已於無量千萬億劫 種諸善根 是故 如來 說 我滅
선근 이어무량천만억겁 종제선근 시고 여래 설 아멸

後後五百歲 有能 離相修行者 當知是人 不於 一二三四
후후오백세 유능 리상수행자 당지시인 불어 일이삼사

五佛 種諸善根 何名種諸善根 若說 次下 所謂於諸佛所
오불 종제선근 하명종제선근 약설 차하 소위어제불소

一心供養 隨順敎法 於諸菩薩 善知識 師僧 父母 耆年
일심공양 수순교법 어제보살 선지식 사승 부모 기년

宿德尊長之處 常行恭 敬供養 承順敎命 不違其意 是名
숙덕존장지처 상행공 경공양 승순교명 불위기의 시명

種諸善根 於六 道衆生 不加殺害 不欺不賤 不毀不辱
종제선근 어육 도중생 불가살해 불기불천 불훼불욕

不騎不箠 不食其肉 常行饒益 是名種諸善根 於一切貧
불기불추 불식기육 상행요익 시명종제선근 어일체빈

苦衆生 起慈愍心 不生輕厭 有所須求 隨力惠施 是名種
고중생 기자민심 불생경염 유소수구 수력혜시 시명종

諸善根 信心者 信般若波羅蜜 能除一切煩惱 信般若波
제선근 신심자 신반야바라밀 능제일체번뇌 신반야바

羅蜜 能成就一 切出世功德 信般若波羅蜜 能出生一切
라밀 능성취일 체출세공덕 신반야바라밀 능출생일체

諸佛 信自身中佛性 本來清淨 無有染汙 與諸佛性 平等
제불 신자신중불성 본래청정 무유염한 여제불성 평등

無二 信六道衆生 本來無相 信一切衆生 盡能成佛 是
무이 신육도중생 본래무상 신일체중생 진능성불 시

名淨信心也
명정신심야

부처님 멸도 후 후오백세에 만약 어떤 사람이 능히 대승의 무상계(無相戒)를 가지고 망령되이 모든 상(相)을 취하지 않으며, 생사의 업(業)을 짓지 않고 일체의 시간 가운데서 마음이 항상 공적하여 모든 모양에 속박하지 않으면 이것이 곧 머무름이 없는 마음이라 한 것이다.

저 여래의 깊은 법에 마음으로 능히 믿고 들어가리니 이런 사람의 말은 진실해서 가히 믿을만하다. 왜냐하면 이 사람은 한 겁이나 두겁, 삼 사 오 겁에 선근을 심었을 뿐만 아니라 이미 무량 천만 억 겁에 모든 선근을 심은 것이니, 이 까닭에 여래께서 내가 멸한 후 후오백세에 능히 상(相)을 떠난 수행자가 있으면 마땅히 알라, 이 사람은 일, 이, 삼, 사, 오불에게만 모든 선근을 심은 것이 아니라 하셨다.

무엇을 이름 하여 선근을 심었다 하는가. 아래에 간략히 설명하면, 이른바 모든 부처님 처소에 일심으로 공양하여 교법을 수순하고, 모든 보살과 선지식과 스승이나 스님과 부모와 연세 많고 덕이 많은 분 등 존경하는 분들의 처소에 항상 공경 공양하고, 높은 가르침을 받들어서 그 뜻을 어기지 않음을 이름 하여 모든 선근을 심는 것이라고 함이다.

육도의 모든 중생에게 살해하지 않고, 속이지도 않고, 천하게 여기지도 않으며, 해치지도 욕하지도 않으며, 타지도 않고 채찍질도 하지 않으며, 그 고기를 먹지도 않고 항상 이익 되게 행함을 이름 하여 선근을 심는 것이라 한다.

일체의 가난하고 고통받는 중생에게 자비하고 불쌍히 여기는 마음을 일으켜서 가벼이 여기거나 싫어하는 생각을 내지 않고 구(求)하려 하면 힘을 따라서 베풀어 줌을 이름 하여 모든 선근을 심음이 되는 것이다. 일체의 악한 무리에게 스스로 화유(和柔)하고 인욕을 행하여 즐거이 맞이하여 그 뜻을 거스르지 않고 그로 하여금 환희심을 내게 해서 사나운 마음을 쉬게 하는 것을 모든 선근을 심은 것이라 하는 것이다.

신심(信心)이란 반야바라밀이 능히 일체번뇌를 제거함을 믿으며, 반야바라밀이 능히 일체 출세공덕을 성취함을 믿으며, 반야바라밀이 능히 일체 제불을 출생시킴을 믿으며, 자기 몸 중의 불성이 본래 청정하여 더러움에 물듦이 없어서 모든 불성과 더불어 평등하여 둘이 아님을 믿으며, 육도 중생이 본래 상(相)이 없음을 믿으며, 일체중생이 모두 능히 성불함을 믿는 것이니, 이것을 깨끗하게 믿는 마음이라 하는 것이다.

청운 說

후오백세(後五百歲)

제1기는 해탈견고(解脫堅固)의 시대로, 부처님의 가르침으로 즉각 깨달음을 얻을 수 있을 만큼 정법이 가장 밝게 서 있는 때를 말하며,

제2기는 선정견고(禪定堅固)의 시대로, 1기 때처럼 즉각 깨달음을 얻는 이는 매우 드물지만 부처님의 가르침에 따라 수행 정진을 열심히 하는 시기다.

제3기는 다문견고(多聞堅固)의 시대로, 부처님께서 남겨주신 말씀인 경전을 읽고 외우며 부지런히 가르침을 배우는 사람들은 많지만 선정을 닦고 참된 수행을 해 나가는 사람은 드물어 부처님의 법력이 많이 감소되는 시기를 말하며,

제4기는 탑사견고(塔寺堅固)의 시대로, 선정을 닦는 사람은 물론이고 경전을 읽고 외우며 배우려는 사람들조차 줄어드는 시대로 이 때에는 공부나 수행은 없고 오직 사찰과 탑을 세워 복과 공덕을 얻고자 하는 사람만 늘어나는 기복불교(祈福佛敎)의 시대라 할 수 있다.

제5기는 말기로서 투쟁견고(鬪爭堅固)의 시대로, 불법이 거의 쇠퇴하여 복을 바라며 절을 짓는 등의 불사까지도 사라지고 오히려 절의 재산을 갖고 싸우고 다투며, 불법(佛法)을 팔아 서로 옳고 그름을 다투며 분열하는 시기다.

여기에서 말한 후오백세란 이런 다섯 가지 시기 가운데, 뒤에 있는 오백세, 즉 제5기 말기를 말하는 것이라 볼 수 있다.

須菩提 如來 悉知悉見 是諸衆生 得如是無量 福德 何以故 是諸衆生 無復我相人相衆生相壽者相 無法相 亦無非法相

수보리야, 여래는 다 알고 다 보나니 이 모든 중생들이 이렇게 한량없는 복덕

을 얻느니라.

　무슨 까닭인가. 이 모든 중생은 다시 아상, 인상, 중생상, 수자상이 없으며 법이라는 상도 없으며 법 아니라는 상도 또한 없느니라.

六祖 若有人 於如來滅後 發般若波羅蜜心 行般若波羅
육조　약유인　어여래멸후　발반야바라밀심　행반야바라

蜜行 修習解悟 得佛深意者 諸佛 無不知之 若有人 聞
밀행　수습해오　득불심의자　제불　무부지지　약유인　문

上乘法 一心受持 卽能 行般若波羅蜜無相無著之行 了
상승법　일심수지　즉능　행반야바라밀무상무착지행　요

無我人衆生壽者四相 無我者 無受想行識也 無人者 了
무아인중생수자사상　무아자　무수상행식야　무인자　요

四大不實 終歸地水火風也 無衆生者 無生滅 心也 無壽
사대부실　종귀지수화풍야　무중생자　무생멸　심야　무수

者我身 本無 寧有壽者 四相 旣無 卽法眼明徹 不著有
자아신　본무　영유수자　사상　기무　즉법안명철　불착유

無 遠離二邊 自心如來 自悟自覺 永離塵勞妄念 自然得
무　원리이변　자심여래　자오자각　영리진로망념　자연득

福無邊 無法相者 離名絶相 不拘文字也 亦無非法 相者
복무변　무법상자　이명절상　불구문자야　역무비법　상자

不得言無般若波羅蜜法 若言無般若波羅蜜法 卽是謗法
부득언무반야바라밀법　약언무반야바라밀법　즉시방법

만약 어떤 사람이 여래 멸후에 반야바라밀의 마음을 내고 반야바라밀을 행하여 닦고 익히고 알고 깨달아서 부처님의 깊은 뜻을 얻은 자는 모든 부처님이 그를 알지 못함이 없다. 만약 어떤 사람이 깊은 가르침을 듣고 일심으로 받아 지니면 곧 능히 반야바라밀의 무상무착행을 행하게 되어서 마침내 아, 인, 중생, 수자상의 사상(四相)이 없으리라.

아상(我相)이 없다는 것은 수 상 행 식이 없음이고,

인상(人相)이 없다는 것은 사대(四大)가 실이 아니어서 마침내 지 수 화 풍으로 돌아감을 요달 함이요,

중생상(衆生相)이 없다는 것은 생멸심이 없음이고,

수자상(壽者相)이 없다는 것은 내 몸이 본래 없음이니 어찌 목숨이 있겠는가 하는 것이다.

사상(四相)이 이미 없음으로 곧 법안(法眼)이 밝게 드러나서, 유무에 집착함이 없이 양변을 멀리 떠나고 자기 마음 가운데 있는 여래를 스스로 깨닫고 자각해서 길이 진로망념(塵勞妄念)을 떠나면 자연히 복 얻음이 끝이 없으리라.

무법상(無法相)이란 이름을 떠나고 상(相)을 떠나서 문자(文字)에 얽매이지 않음이고, 또한 무비법상이란 반야바라밀법이 없음을 말하는 것이 아니니, 만약 반야바라밀법이 없다고 한다면 곧 이 법을 비방하는 것이 되는 것이다.

圭峰 初徵 信者 以何義故 得如來悉知悉見 後釋 有二
규봉　초징 신자 이하의고 득여래실지실견 후석 유이
一 無我執 執取自體 爲我 計我展轉 趣於餘趣 爲人 計
일 무아집 집취자체 위아 계아전전 취어여취 위인 계

我盛衰苦樂 種種變異 相續 爲衆生 計我一報命根 不斷
아성쇠고락 종종변이 상속 위중생 계아일보명근 부단

而住 爲壽者 二 無法執 論 云無法 相者 能取所取 一切
이주 위수자 이 무법집 논 운무법 상자 능취소취 일체

法無 亦無非法相者 無我 卽顯眞空實有然 離二執 正是
법무 역무비법상자 무아 즉현진공실유연 이이집 정시

得佛知見 成就正信之本 善根福德 却是相兼 故 論云
득불지견 성취정신지본 선근복덕 각시상겸 고 논운

有智慧便足 何故 復說持戒功德 爲示現生實相差別義
유지혜변족 하고 부설지계공덕 위시현생실상차별의

故 亦有 持戒功德 依信心恭敬 能生實相故 不但說般若
고 역유 지계공덕 의신심공경 능생실상고 부단설반야

처음 물음에 믿는 사람은 무슨 뜻으로 여래가 다 알고 다 본다고 하는가. 후석(後釋)에 두 가지가 있으니, 첫째는 아집(我執)이 없음이니 자기 몸을 집착함이 아(我)가 되고, 아(我)가 더욱 더 발전해서 다른 것을 취하고 계교함이 인(人)이 되며 나의 성쇠고락의 가지가지 변이 상속을 계교함이 중생(衆生)이 되고 내가 한번 받은 생명이 끊어지지 않고 머문다고 계교하는 것이 수(壽)가 된다 함이요, 둘째는 법집(法執)이 없음이니 논(論)에 이르되 무법상이란 능히 취하고 취할(所取) 것에 일체법이 없음이요, 또한 무비법상이란 무아(無我)가 진공(眞空)의 실유(實有)를 나타냄이다.

그러나 두 가지 아집(我執) 법집(法執)의 집착을 떠난 것이 바로 부처님의 지견을 얻음이니, 바른 믿음의 근본을 성취하므로 선근과 복덕이 도리어 서로 겸한 것이다. 고(故)로 논(論)에 이르되 지혜가 있으면 만족하거늘 어찌하여 다시 지계공덕(持戒功德)을 설하셨는가. 실상 차별내는 것을 드러내 보이기 위한 고로 또한 지계공덕이 있음이요, 신심공경(信心恭敬)을 의지해서 능히 실상을 내는 고로 다만 반야만 설하지 않았다고 하였다.

何以故 是諸衆生 若心取相 卽爲着我人衆生壽者 何以故 若取法相 卽着我人衆生壽者 若取非法相 卽着我人衆生壽者

무슨 까닭인가. 이 모든 중생이 만약 마음에 상을 취하면 곧 아상 인상 중생상 수자상에 집착함이 되나니, 무슨 까닭인가. 만약 법상을 취하더라도 곧 아상 인상 중생상 수자상에 집착함이며 만약 법 아닌 상을 취하더라도 곧 아상 인상 중생상 수자상에 집착함이 되느니라.

六祖 取此三相竝 著邪見 盡是迷人 不悟經意 故 修行
육조 취차삼상병 저사견 진시미인 불오경의 고 수행

人 不得愛著如來 三十二相 不得言我解般若波羅蜜法
인 부득애착여래 삼십이상 부득언아해반야바라밀법

亦不得言不行般若波羅蜜行 而得成佛
역부득언불행반야바라밀행 이득성불

이 삼상(三相; 法, 法相, 非法相)을 취하면 아울러 사건에 집착함이니, 모두 미혹한 사람이라 경(經)의 뜻을 깨닫지 못한 것이다. 그러므로 수행인은 여래의 32상에 애착하지 말고, 나는 반야바라밀법을 안다고도 말하지도 말며, 또한 반야바라밀행을 행(行)하지 않고도 성불(成佛)한다고 말하지 말 것이니라.

是故 不應取法 不應取非法 以是義故 如來 常說 汝等比丘 知我說法 如筏喩者 法尙應捨 何況非法

이런 까닭으로 여래가 항상 말하기를 너희들 비구는 내 설법을 뗏목으로 비유함과 같이 알라 하노니 법도 응당 버려야 하거늘 어찌 하물며 법 아님이겠는가.

六祖 法者 是般若波羅蜜法 非法者 生天等法 般若波羅
육조 법자 시반야바라밀법 비법자 생천등법 반야바라

蜜法 能令一切衆生 過生死大海 旣得過已 尙不應住
밀법 능령일체중생 과생사대해 기득과이 상불응주

況生天等法 而得樂著
황생천등법 이득락착

법(法)이란 반야바라밀법이요, 비법이란 천상에 태어나는 것 등의 법이다.
　반야바라밀법은 능히 일체중생으로 하여금 생사의 대해(大海)를 건너가게 하는 것이니, 이미 건너가서는 응당 안주하지 말 것이거든 어찌 천상에 나는 등의 법에 즐거이 집착하겠는가?

傅大士 渡河 須用筏 到岸 不須船 人法知無我 悟理 詎
부대사　도하 수용벌 도안 불수선 인법지무아 오리 거
勞筌 中流仍被溺 誰論在二邊 有無 如取一 卽被污 心田
로전 중류잉피익 수론재이변 유무 여취일 즉피오 심전

강을 건너는 데는 모름지기 뗏목을 쓸 일이고 언덕에 이르러서는 뗏목을 사용치 않음이라.

인(人)과 법(法)에 있어서 아(我)가 없음을 안다면 이치를 깨달았음이니 어찌 전(筌; 방편)을 수고롭게 하리오.

중류(中流; 中道)에도 오히려 빠질 수 있거든 누가 이변(二邊)에 있음을 논(論)할까. 유무(有無)에서 만약 하나를 취한다면 곧 마음 밭을 더럽히리라.

청운 說

사상(四相)

산스크리트 원문에서는,

一. 아상(我相)을 "a'tman"(자아)로 표기하고 있고, 인도 전총교인 브라흐만은 아트만 "a'tman"을 고정된 실체적 자아관념으로 윤회의 주체로 이해되고 있다.

一. 인상(人相)을 "pudgala"(개아)로 개인, 인간등을 의미하는 개념으로 쓰인다. 부파불교에서는 윤회의 주체를 의미하는 말로 유위법과 무위법의 중간적 존재로 인식하고 있다.

一. 중생상(衆生相) "Sattva"(중생)은 "존재하는 모든 것"이라는 의미로 깨달음을 성취하지 못한 모든 중생(衆生)을 의미한다.

一. 수자상(壽者相) "Jiva"(영혼)이라고 한다. 자이나교에서는 "생사를 초월해 있는 존재" "순수영혼"으로 이해되고 있다.

아상(我相) "a'tman"과 인상(人相) "pudgala"을 고정적(固定的) 자아(自我) 관념으로 윤회(輪回)의 주체적으로 인식하고 있는 데에 있어 당시 부처님께서는 고정된 "나"라는 상(相)이 근본(根本)이 되어 일체(一切) 모든 상(相)이 만들어지게 되고 "나다" "내 것이다" "내가 옳다"라고 하는 아상(我相)이 있으므로써 "나와 너" "생사열반" "중생과 보살" "인간과 자연" 애증(愛憎)등으로 나누는 분별망상(分別妄想)이 시작되며, 윤회(輪回)의 주체로서 자아(自我)를 세우므로써 연기법(緣起法)으로부터 어긋나는 것임을 말씀하고 계신 것이다.

유식불교에서도 제8식인 아뢰야식을 윤회의 주체로 내세우고 있지만 아리아식은 수많은 생(生)으로부터 쌓여진 업(業)들이 모여 있는 장식(藏識)인데, 이것은 끊임없이 변화하는 제행무상(諸行無常)의 한 모습일 뿐이다.

그래서 수행(修行)의 진정한 의미는, 우리는 연기(緣起)된 존재이기 때문에 사상(四相)의 타파가 곧 공성(空性)과 연기법(緣起法)을 깨닫는 것으로 인식(認識) 그 너머에 있는 참나(眞我)인 진여불성(眞如佛性)과 하나가 될 수 있는 것이다.

第七 **無得無說分**(얻을 것도 없고 설할 것도 없음)

須菩提 於意云何 如來 得阿耨多羅三藐三菩提耶 如來
有所說法耶
　須菩提 言 如我解佛所說義 無有定法名阿耨多羅三藐
三菩提 亦無有定法如來可說

　수보리야, 어떻게 생각하느냐.

　여래가 아뇩다라삼먁삼보리를 얻었다고 하는가. 여래가 설한 바 법이 있다고 하는가.

　수보리가 말씀드리되 제가 부처님의 설하신 뜻을 알기에는 아뇩다라삼먁삼보리라고 이름 할 만한 결정적인 법이 없으며, 또한 여래가 설하셨다 할 고정된 법도 없습니다.

六祖 阿耨多羅 非從外得 但心無我所 卽是也 祇緣對
육조　아뇩다라　　비종외득　단심무아소　즉시야　기연대

病設藥 隨宜 爲說 何有定法乎 如來 說 無上正法 心本
병설약　수의　위설　하유정법호　여래　설　무상정법　심본

無得 亦不言不得 但爲衆生 所見 不同 如來 應彼根性
무득　역불언부득　단위중생　소견　부동　여래　응피근성

種種方便 開誘化導 俾其 離諸執著 指示一切衆生 妄心
종종방편　개유화도　비기　이제집착　지시일체중생　망심

生滅不停 逐境界動 前念 瞥起 後念 應覺 覺旣不住 見
생멸부정 축경계동 전념 별기 후념 응각 각기부주 견

亦不存 若尒 豈有定法爲如來可說也 阿者 心無妄念
역부존 약이 개유정법위여래가설야 아자 심무망념

耨多羅者 心無驕慢 三者 心常在正定 藐者 心常在正
녹다라자 심무교만 삼자 심상재정정 막자 심상재정

慧 三菩提者 心常空寂 一念凡心 頓除 卽見佛性也
혜 삼보리자 심상공적 일념범심 돈제 즉견불성야

  아뇩다라는 밖으로부터 얻은 것이 아니고 다만 마음에 아소(我所, 내것)가 없으면 곧 이것이다. 다만 병에 따라 약을 베푸는 것으로 인하여, 마땅함을 따라서 설하시니, 어찌 결정적인 법이 있으랴.

  여래가 설하시되 위없는 정법을 본래 마음에 얻을 것이 없으며 또한 얻지 못했다고도 말할 수 없으니, 다만 중생들의 소견이 같지 않으므로 여래가 근성(根性)에 따라 갖가지 방편으로 열어주고 달래고 이끌어주고 인도하시며 그들로 하여금 모든 집착을 떠나게 하신 것이다.

  일체중생의 망령된 마음이 일어나고 멸하며 머물지 않아서 경계를 쫓아 움직이는 고로 앞생각이 문득 일어나면 뒷생각이 바로 깨달을 것이니, 바로 망상이 일어난 줄 알면 이미 주하지 않음이라고 견(見)도 또한 있지 않다고 가리켜 보이신 것이다. 만약 그러할진댄 어찌 정(定)한 법이 있어서 여래가 가히 설함이 되겠는가.

아(阿)란 마음에 망념이 없음이요, 뇩다라(耨多羅)는 마음에 교만이 없음이고 삼(三)이란 마음이 늘 정정(正定)에 있음이요, 먁(藐)이란 마음이 늘 정혜(正慧)에 있음이고, 삼보리(三菩提)는 마음이 항상 공적해서 한 생각 범부의 마음을 몰록 제거하면 곧 불성(佛性)을 보는 것이다.

何以故 如來所說法 皆不可取 不可說 非法 非非法

무슨 까닭인가 하면, 여래께서 설하신 법은 다 취할 수 없으며 말할 수도 없으며 법도 아니고 법 아님도 아니기 때문이니라.

六祖 恐人 執著如來所說文字章句 不悟無相之理 妄生
육조　공인 집착여래소설문자장구 불오무상지리 망생

知解 故 言不可取 如來 爲化種種衆生 應機隨量 所有
지해 고 언불가취 여래 위화종종중생 응기수량 소유

言說 亦何有定乎 學人 不解如來深意 但誦如來所說敎
언설 역하유정호 학인 불해여래심의 단송여래소설교

法 不了本心 終不成佛 故 言不可說也 口誦心不行 卽
법 불료본심 종불성불 고 언불가설야 구송심불행 즉

非法 口誦心行 了無所得 卽非非法
비법 구송심행 요무소득 즉비비법

사람들이 여래께서 설하신 문자나 문구에 집착하여 무상의 이치를 깨닫지 못하고 망령되이 알음알이를 낼까 두려워하였으므로 불가취라 하셨다. 여래께서 갖가지 중생들을 교화하기 위하여 근기에 응하고 그 양(量)에 따르시니 부처님이 설하신 언설이 또한 어찌 정(定)함이 있겠는가. 학인이 여래의 깊은 뜻을 알지 못하고 다만 여래께서 설하신 교법을 외우고 여래의 본심을 요달하지 못하여 마침내는 성불하지 못하므로 불가설이라 하셨다. 입으로만 외우고 마음으로 행하지 않으면 곧 비법이요 입으로 외우고 마음으로 행하여 마침내 얻을 바가 없음(무소득, 無所得)을 요달하면 곧 비비법이라 한다.

所以者 何 一切賢聖 皆以無爲法 而有差別
까닭이 무엇인가 하면, 모든 현성이 다 무위법으로써 차별을 두는 까닭이니라.

六祖 三乘根性 所解不同 見有淺深 故言差別 佛說無爲
육조 삼승근성 소해부동 견유천심 고언차별 불설무위

法者 卽是無住 無住 卽是無相 無相 卽是無起 無起 卽
법자 즉시무주 무주 즉시무상 무상 즉시무기 무기 즉

是無滅 蕩然空寂 照用齊收 鑒覺 無礙 乃眞是解脫佛
시무멸 탕연공적 조용제수 감각 무애 내진시해탈불

性 佛覺 卽是觀照 觀照 卽是智慧 智慧 卽是般若波羅蜜多
성 불각 즉시관조 관조 즉시지혜 지혜 즉시반야바라 밀다

삼승들의 근성(根性)이 아는바가 같지 않아 견해(見解)에 얕고 깊음이 있어서 차별이라 말한다. 부처님이 설하신 무위법이란 곧 무주(無住)이니 무주가 무상

이며 무상이 곧 무기(無起)이며 무기가 곧 무멸(無滅)이다. 탕연(蕩然)히 공적하여 조와 용을 가지런히 거두며 깨달음에 걸림이 없는 것이 참다운 해탈불성이다. 부처는 곧 각(覺)이며 각은 곧 관조(觀照)이며 관조가 곧 지혜이며 지혜는 곧 반야바라밀이다.

說誼 一切賢聖所證法 皆以無爲 有差別 而此差別 即無
설의　일체현성소증법　개이무위　유차별　이차차별　즉무

爲 逈出 中間與二邊 伊麽則一味無爲法 在聲聞則名四
위　형출　중간여이변　이마즉일미무위법　재성문즉명사

諦 在緣覺則名因緣 在菩薩則名六度 六度因緣與四諦
제　재연각즉명인연　재보살즉명육도　육도인연여사제

一一無取不可說
일일무취불가설

일체 현성(賢聖)의 증득한 법이 다 무위(無爲)로써 차별을 두었으니 이 차별이 곧 무위도 중간과 이변을 멀리 벗어났도다. 이러한 즉 한 맛의 무위법이 성문에 있은즉 사제(四諦)라 하고, 연각에 있은 즉 십이인연(十二因緣)이라 하고 보살에 있은 즉 육바라밀이라 하니, 육도(六度)와 십이인연과 사제가 낱낱이 취할 것도 없고 설할 것도 없음이로다.

傅大士 人法俱名執 了即二無爲 菩薩 能齊證 聲聞 離
부대사　인법구명집　요즉이무위　보살　능제증　성문　이

一非 所知 煩惱盡 空中 無所依 常能作此觀 證果定無疑
일비 소지 번뇌진 공중 무소의 상능작차관 증과정무의

인(人)과 법(法)이 모두 집착이라 하지만 요달하면 곧 둘 다 무위라 보살은 능히 함께 증득함이요, 성문은 하나의 그릇됨을 여의었도다.

소지장(所知障)과 번뇌장(煩惱障)이 다하면 공(空)가운데 의지할 게 없으니 항상 이런 관(觀)을 행(行)하면 과(果)를 증득함에 결정코 의심할 게 없도다.

청운 說

유식학(唯識學)에서는 인식주관이 공(空)하다 함은, 번뇌장(煩惱障)을 멸(滅)하여 얻은 것을 말하며, 이것을 아공(我空)이라 하고, 인식현상이 공(空)하다 함은 소지장(所知障)을 멸하여 얻은 것을 말하며, 이것을 법공(法空)이라 한다. 또한 불교수행의 핵심(核心)은 지관(止觀), 정혜(定慧)에 이르는 것이다.

지(止)는 마음을 멈춘다는 것으로 탐진치 삼독과 번뇌, 분별망상, 집착 등 끊임없이 계속되는 것을 멈추고 말끔하게 비우는 것이다.

관(觀)은 이렇게 비워서 고요해진 마음을 관찰(觀察)하는 것이다.

과거에 만들어 놓은 고정관념(固定觀念)이나 선입견의 울타리에 갇혀 대상(對相)을 자신의 색안경을 통하여 관찰하는 마음을 멈추고, 비우고 관(觀)함으로써 오직 "지금 여기"에 마음을 집중하여, 관(觀)을 통하여 성성(惺惺)의 혜(慧)에, 지(止)로써 적적(寂寂)의 고요함에 이르는 것이다.

비운다는 것은 분별망상이 완전히 사라진 텅 빈 자리 즉 청정심(淸淨心)을 말하는데, 금강경 독송이나 참선, 염불, 주력, 절 등이 지관(止觀)수행의 정진을 통하여 본래 구족되어 있는 자신의 자성불(自性佛)을 친견, 부처를 이루는 참된 반야바라밀행이 되는 것이다.

관(觀)함에 있어 가장 중요한 것은 관념과 생각이 게재되지 않은 순수한 주시(注視)가 필요하다. 가만히 안과 밖에서 일어나는 일체의 모든 대상을 있는 그대로 고요히 바라보고 머릿속을 어지럽히는 생각의 늪에 빠지면 안 된다.

소리를 들어도 좋고 싫은 소리가 아닌 그저 '들릴 뿐', 무엇을 보아도 그저 '바라볼 뿐' 냄새를 맡아도 그저 '냄새일 뿐' 이와 같이 육근의 모든 감각기관은 오직 '할 뿐'이 되어야 한다.

과거에 만들어 두었던 관념을 현실로까지 가져와 투영하지 말고, 오직 '지금 여기'라는 현실에 집중해야 한다. 아직 오지 않은 텅 빈 허상을 붙잡아도 안 된다.

第八 依法出生分(법에 의하여 출생함)

須菩提 於意云何 若人 滿三千大千世界七寶 以用布施 是人 所得福德 寧爲多不

須菩提 言 甚多 世尊 何以故 是福德 卽非福德性 是故 如來 說福德多

수보리야, 어떻게 생각하느냐. 만약 어떤 사람이 삼천대천세계에 가득한 칠보로써 보시한다면 이 사람이 얻을 복덕이 얼마나 많겠는가.

수보리가 말씀드리되 매우 많습니다. 세존이시여, 왜냐하면 이 복덕은 곧 복덕성이 아니므로 이 까닭에 여래께서 복덕이 많다고 말씀하였습니다.

六祖 三千大千世界七寶 持用布施 得福 雖多 於性上
육조　삼천대천세계칠보　지용보시　득복　수다　어성상

一無利益 依摩訶般若波羅蜜多修行 令自性 不墮諸有
일무이익　의마하반야바라밀다수행　영자성　불타제유

是名福德性 心有能所 卽非福德性 能所心滅 是名福德
시명복덕성　심유능소　즉비복덕성　능소심멸　시명복덕

性 心依佛敎 行同佛行 是 名福德性 不依佛敎 不能踐
성　심의불교　행동불행　시　명복덕성　불의불교　불능천

履佛行 卽非福德性
이불행　즉비복덕성

삼천대천세계의 칠보를 가지고 보시에 쓰면 복 얻음이 비록 많으나 성품자리에는 하나도 이익 됨이 없다.

마하반야바라밀다를 의지하여 수행하며, 자성으로 하여금 모든 유(有)에 떨어지지 않으면 이를 복덕성이라 이름 한다.

마음에 능소가 있으면 복덕성이 아니요. 능소심이 끊어져야 복덕성이다. 마음에 부처님의 가르침을 의지하고, 부처님의 가르침을 의지하지 않고 능히 부처님의 행을 실천하고 이행하지 않으면 곧 복덕성이 아닌 것이다.

청운 說

삼천대천세계(三千大天世界)

먼저 우리가 살고 있는 이 우주의 중심에는 수미산이 서 있고 그 수미산을 동심원으로 일곱 개의 산과 여덟 개의 바다가 둘러싸여 있다. 이 칠산팔해(七山八海)의 가장 변방의 산이 철위산(鐵圍山)이고 철위산으로 둘러싸인 팔해의 마지막 바다에는 동서남북으로 4개의 커다란 대륙이 있는데, 이곳이 북구로주(北俱盧洲), 남섬부주(南贍部洲), 동승신주(東勝身洲), 서우화주(西牛貨洲)이다. 수평적으로 보았을 때, 이 네 곳의 대륙의 지표면에 인간과 축생이 살고 있으며 지금 우리가 살고 있는 곳이 남쪽의 섬부주로 이곳이 가장 살기 어렵고 박복한 곳이라고 한다.

한편 수직적으로 보면 인간과 축생이 사는 그 아래쪽 철위산의 밑바닥에 지옥과 아귀의 세계가 차례로 있으며 더 위로 올라가 수미산의 중턱에 사천왕천이 있다. 사천왕천은 네 개의 천상으로 이를 다스리는 네 명의 천왕이 우리가 잘 알고 있는 동방 지국천왕(支局天王), 남방 증장천왕(增章天王), 서방 광목천왕(廣目天王), 북방 다문천왕(多聞天王)이다.

그리고 사천왕천에서 더 위로 올라가 수미산(須彌山)의 정상에는 33천이라 불리는 도리천이 있으며, 이곳의 천주(天主)가 제석천(帝釋天)이다. 또한 천상계는 아니지만 공중에 아수라(阿修羅)가 있는데 이들은 항상 분노와 진심이 많아 인접해 있는 재석천의 천병(天兵)들에게 계속해서 싸움을 건다. 항상 지면서도 업이 그러하기 때문에 늘 전쟁을 일삼아 아수라가 사는 곳은 늘 정신이 없고 전쟁터처럼 폐허가 되어 있다. 그래서 아수라장(阿修羅場)이란 말도 생겨난 것이다.

그 다음이 야마천(夜魔天)이고, 그 위에 차례로 도솔천(兜率天), 낙변화천(樂變化天), 타화자재천(他化自在天)이 있는데, 이상의 여섯 개의 천상을 욕계육천(欲界六天)이라고 한다. 욕계란 식욕·수면욕·색욕과 같은 온갖 욕망으로 뒤덮인 세계를 말한다. 이 욕계의 하늘이 이상과 같이 여섯 가지라 욕계육천이라고 하는 것이고, 그 아래에는 앞서 말했듯이 지옥·아귀·축생·아수라·인간이 살고 있다. 욕계육천 위로는 색계(色界)의 18천이 있고, 다시 그 위로 무색계(無色界)의 4천이 있다. 색계란 욕계에서와 같은 온갖 욕망들에서는 벗어났지만 아직 물질에서 완전히 벗어나지 못한 존재들이 사는 세계로 살아 있을 때 초선부터 사선까지의 4가지 선정을 닦은 사람이 죽은 뒤에 태어나는 곳이며, 무색계란 욕망은 물론이고 물질에서도 완전히 벗어난 곳으로 공무변처정(空無邊處定)·식무변처정(識無邊處定)·무소유처정(無所有處定)·비상비비상처정(非想非非想處定)의 4무색선정을 닦은 자가 태어나는 세계를 말한다.

이렇게 수미산을 중심으로 아래로는 지옥에서부터 시작하여 위로 28개의 천상에 이르기까지의 모든 세계를 하나의 수미세계라 한다. 그리고 이러한 하나의 수미세계 1,000개가 모인 것을 일 소천세계라 하며, 이 소천세계 1,000개를 모은 것이 중천세계, 또 이 중천세계를 1,000개 모은 세계가 대천세계이며, 삼천대천세계는 10억 개의 수미세계로 이루어져 무량수, 무량광의 한량없는 크기의 우주를 말하고 있다.

若復有人 於此經中 受持乃至四句偈等 爲他人 說 其福勝彼

만약 또 어떤 사람이 이 경 가운데서 사구게 만이라도 받아 지녀서 다른 사람을 위하여 설한다면 그 복이 저 앞의 복보다 수승하리니.

六祖 十二部敎大意 盡在四句之中 何以知其然 以諸經
육조 십이부교대의 진재사구지중 하이지기연 이제경

中 讚歎 四句偈 卽是摩訶般若波羅蜜多 以摩訶般若 爲
중 찬탄 사구게 즉시마하반야바라밀다 이마하반야 위

諸佛母 三世諸佛 皆依此經修行 方得成佛 般若心經
제불모 삼세제불 개의차경수행 방득성불 반야심경

云三世諸佛 依般若波羅蜜多 故得阿耨多羅三藐三菩
운삼세제불 의반야바라밀다 고득아뇩다라삼먁삼보

提 從師所學曰受 解義修行曰持 自解自行是自利 爲人
리 종사소학왈수 해의수행왈지 자해자행시자리 위인

演說 是利他 功德 廣大 無有邊際
연설 시리타 공덕 광대 무유변제

12부 가르침의 큰 뜻이 모두 사구게 안에 있으니 어찌 그러함을 아는가. 모든

경(經)중의 사구게를 찬탄함이 곧 이 마하반야바라밀이니, 이로써 마하반야는 모든 부처님의 어머니가 되는지라, 삼세제불이 다 이 경을 의지해서 수행하여 바야흐로 성불하셨다.

그래서 반야심경에 "삼세제불이 다 이 반야바라밀다를 의지하여 아뇩다라삼먁삼보리를 얻었다" 하신 것이다.

스승으로부터 배우는 것을 수(受)라 하고 뜻을 이해하여 수행함은 지(持) 실천이라 한다. 스스로 이해하고 스스로 행함은 자리요, 남을 위하여 연설하는 것은 이타이니 공덕이 광대하여 끝이 없느니라.

傅大士　寶滿三千界 齋持作福田 唯成有漏業 終不離人
부대사　보만삼천계 재지작복전 유성유루업 종불리인
天 持經 取四句 與聖作良緣 欲入無爲海 須乘般若船
천 지경 취사구 여성작양연 욕입무위해 수승반야선

삼천세계를 가득 채울 보물을 싸가지고 복전(福田)을 짓더라도 단지 유루(有漏)의 업을 이루는 것이라서 마침내 인천(人天)을 떠나지 않거니와 경을 가져 사구(四句)를 취하면 성인(聖人)과 더불어 좋은 인연을 지으니, 무위(無爲)의 바다에 들고자 하면 모름지기 반야선을 탈 것이니라.

冶父　寶滿三千及大千 福祿 應不離人天 若知福德元無
야보　보만삼천급대천 복록 응불리인천 약지복덕원무
性 買得風光 不用錢
성 매득풍광 불용전

삼천대천세계를 채울만한 보배로 보시하더라도 복의 인연은 인간(人間)과 천상(天上)을 떠나지 않으니 복덕이 원래 성품이 없음을 알면 본지풍광(本地風光)을 사는 데 돈을 쓰지 않으리라.

何以故 須菩提 一切諸佛 及諸佛阿耨多羅三藐三菩提法 皆從此經出
무슨 까닭인가. 수보리야, 일체 모든 부처와 모든 부처의 아뇩다라삼먁삼보리법이 모두 이 경으로부터 나왔기 때문이니라.

六祖 此經者 非指此一卷之文 要顯佛性 從體起用 妙利
육조　차경자 비지차일권지문 요현불성 종체기용 묘리

無窮 般若者 卽智慧也 智以方便 爲功 慧以決斷 爲用
무궁 반야자 즉지혜야 지이방편 위공 혜이결단 위용

卽一切時中 覺照心 是 一切諸佛 及阿耨多羅三藐三菩
즉일체시중 각조심 시 일체제불 급아뇩다라삼먁삼보

提法 皆從覺照中生 故云從此經出
리법 개종각조중생 고운종차경출

차경(此經)이란 이 한 권의 글을 가리킴이 아니다. 요는 불성(佛性)이 체(體)로부터 용(用)을 일으켜서 묘한 이치가 무궁함을 나타낸 것이니, 반야란 곧 지혜이다. 지(智)는 방편으로 덕을 삼음이고 혜(慧)는 지혜의 결단으로 작용을 삼음이니, 곧 모든 시간 가운데 깨달아 비추는 각조심(覺照心) 마음이 이것이니라. 일체

제불과 아뇩다라삼먁삼보리법이 다 깨달아 비추는 곳으로부터 나오는 까닭에
"이 경으로부터 나온다." 하신 것이다.

須菩提 所謂佛法者 卽非佛法
수보리야, 이른바 불법이라 하는 것도 곧 불법이 아니니라.

六祖 此說一切文字章句 如標如指 標指者 是影響之義
육조　차설일체문자장구 여표여지 표지자 시영향지의
依標取物 依指觀月 月不是指 標不是物 但依經取法 經
의표취물 의지관월 월불시지 표불시물 단의경취법 경
不是法 經文卽肉眼可見 法 卽慧眼 能見 若無慧眼者
불시법 경문즉육안가견 법 즉혜안 능견 약무혜안자
但見其經 不見其法 卽不解佛意 旣不解佛意 終不成佛道
단견기경 불견기법 즉불해불의 기불해불의 종불성불도

　　여기에서 말한 일체(一切)의 문자장구(文字章句)가 표식과 같고 손가락과 같으니, 표식과 손가락은 그림자나 메아리의 뜻이다. 표식을 의지해서 사물을 취하고 손가락을 의지하여 달을 보는 것이니, 달은 이 손가락이 아니요, 표식은 이 사물이 아닌 것이다. 다만 경문을 의지하여 법을 취하는 고로 경(經)은 곧 이 법이 아닌 것이어서 경문(經文)은 곧 육안으로 볼 수 있지만, 법(法)은 혜안이라야 볼 수 있도다. 만약 혜안이 없는 자는 다만 그 경(經)만 보고 그 법은 보지 못하는 것이다. 만약 그 법을 보지 못하면 곧 부처의 뜻을 알지 못함이니, 이미 부처님

의 뜻을 알지 못하면 마침내 불도를 이루지 못하리라.

第九 **相無相分**(하나의 상도 상이 아님)

須菩提 於意云何 須陀洹 能作是念 我得須陀洹 果不
수보리야 어떻게 생각하느냐? 수다원이 능히 이런 생각을 하되 '내가 수다원과를 얻었다' 하는가.

六祖 須陀洹者 梵語 唐言 逆流 逆生死流 不染六塵 一
육조　수다원자 범어 당언 역류 역생사류 불염육진 일

向修無漏業 得麤重煩惱不生 決定不受地獄畜生修羅
향수무루업 득추중번뇌불생 결정불수지옥축생수라

異類之身 名須陀洹果 若了無相法 卽無得果之心 微有
이류지신 명수다원과 약료무상법 즉무득과지심 미유

得果之心 卽不名須陀洹 故言不也
득과지심 즉불명수다원 고언불야

　수다원이란 범어이고 당언(唐言)으로는 역류이니, 생사의 흐름을 거슬러서 육진에 물들지 않고 한결같이 무루업만 닦아서 거칠고 무거운 번뇌를 나지 않게 하여, 결정코 지옥, 아귀, 축생 등 이류(異類)의 몸을 받지 않으므로 수다원과라 이름 한다. 만약 무상법을 요달하면 곧 과를 얻었다는 마음이 없으니, 조금이라도 과를 얻었다는 마음이 있으면 곧 수다원이라 이름 할 수 없음으로 불야(不也)라고 하신 것이다.

須菩提 言 不也 世尊 何以故 須陀洹 名爲入流 而無所
入 不入色聲香味觸法 是名須陀洹

수보리가 말씀드리되 아니옵니다. 세존이시여. 무슨 까닭인가 하면 수다원은 성류에 든다고 하지만 들어간 바가 없으니 색 성 향 미 촉 법에 들어가지 않으므로 이를 이름 하여 수다원이라 합니다.

六祖 流者 聖流也 須陀洹人 已離麤重煩惱故 得入聖流
육조   유자 성류야 수다원인 이이추중번뇌고 득입성류

而無所入者 無得果之心也 須陀洹者 乃修行人 初果也
이무소입자 무득과지심야 수다원자 내수행인 초과야

류(流)란 성인의 무리라는 뜻이니 수다원의 사람이 이미 거친 번뇌를 여읜 까닭에 성류에 들어간 것이요, 이무소입(而無所入)이란 과(果)를 얻었다는 마음이 없는 것이니 수다원이란 수행인의 첫 결과이다.

須菩提 於意云何 斯陀含 能作是念 我得斯陀含 果不 須
菩提 言 不也 世尊 何以故 斯陀含 名一往來 而實無往來
是名斯陀含

수보리야, 어떻게 생각하느냐. 사다함이 능히 이런 생각을 하되 '내가 사다함과를 얻었다' 하는가. 수보리가 말씀을 드리되 아닙니다. 세존이시여, 무슨 까닭인가 하면 사다함은 이름이 일왕래로되 왕래함이 없으므로 이름을 사다함이라 합니다.

六祖 斯陀含者 梵語 唐言 一往來 捨三界結縛 三界結
육조　사다함자　범어　당언　일왕래　사삼계결박　삼계결

盡 故名 斯陀含 斯陀含 名一往來 從天上却到 人間生
진　고명　사다함　사다함　명일왕래　종천상각도　인간생

從人間死却 生天上竟出 生死 三界業盡 名斯陀含果 大
종인간사각　생천상경출　생사　삼계업진　명사다함과　대

乘斯陀含者 目觀諸境 心有一生一滅 無第二 生滅 故名
승사다함자　목도제경　심유일생일멸　무제이　생멸　고명

一往來 前念起妄 後念卽止 前念有著 後念卽離 實無
일왕래　전념기망　후념즉지　전념유착　후념즉리　실무

往來 故曰斯陀含也
왕래 고왈사다함야

　　사다함이란 범어이고 당언(唐言)으로는 일왕래이니 삼계의 결박을 버려서, 삼계의 결박이 없으므로 사다함이라 이름한다.

　　사다함을 일왕래라 한 것은 인간으로 죽어 곧 천상에 나고 천상에서 곧 이어 인간으로 태어나는 것이니, 마침내는 생사를 벗어나 삼계의 업(業)이 다했으므로 사다함이라 이름하는 것이다. 대승의 사다함이란 눈으로 모든 경계를 볼 적에 마음에 일생일멸(一生一滅)만 있고 제이의 생멸이 없는 고로 일왕일래라 하니, 앞생각이 망(妄)을 일으키면 뒷생각이 곧 그치고, 앞생각에 집착이 있으면 뒷생각이 곧 그치고, 앞생각에 집착이 있으면 뒷생각이 곧 그 집착을 떠나서 실로 왕래가 없으므로 사다함이라 한다.

須菩提 於意云何 阿那含 能作是念 我得阿那含 果不 須菩提 言 不也 世尊 何以故 阿那含 名爲不來 而實無不來 是故 名阿那含

수보리야, 어떻게 생각하느냐? 아나함이 능히 이런 생각을 하되 '내가 아나함과를 얻었다' 하는가. 수보리가 말씀드리되 "아닙니다. 세존이시여, 무슨 까닭인가 하면 아나함은 이름이 오지 않는다 하오나 실로는 오지 않음이 없으므로 이름을 아나함이라 합니다."

六祖 阿那含 梵語 唐言 不還 亦名出欲 出欲者 外不見可欲之境 內無 欲心可得 定不向欲界受生 故名不來 而實無不來 亦名不還 以欲習 永盡決定不來受生 是故 名阿那含也

육조 아나함 범어 당언 불환 역명출욕 출욕자 외불견 가욕지경 내무 욕심가득 정불향욕계수생 고명불래 이 실무불래 역명불환 이욕습 영진결정불래수생 시고 명 아나함야

아나함은 범어이고 당언(唐言)에는 불환이니 또한 욕(欲)에서 벗어남이다. 출욕이란 밖으로는 가히 욕심 낼만한 경계를 보지 않고, 안으로는 욕심이 없어서 결정코 욕계의 생을 받지 않으므로 불래라 하고, 실로는 오지 않음도 없으니 불환이라고도 이름하는 것이다. 욕의 습이 영원히 다하여 결정코 생을 받지 않는 고로 아나함이라 한다.

須菩提 於意云何 阿羅漢 能作是念 我得阿羅漢 道不

수보리야, 어떻게 생각하느냐? 아라한이 능히 이런 생각을 하되 '내가 아라한도를 얻었다' 하는가.

六祖 諸漏已盡 無復煩惱 名阿羅漢 阿羅漢者 煩惱永盡
육조 제루이진 무부번뇌 명아라한 아라한자 번뇌영진
與物無諍 若有得果之心 即是有諍 若有諍 非阿羅漢
여물무쟁 약유득과지심 즉시유쟁 약유쟁 비아라한

모든 루(漏) 번뇌가 이미 다하여 다시 번뇌가 없음으로 아라한이라 이름 한다. 아라한이란 번뇌가 영원히 다해서 중생과 더불어 다툼이 없음이니, 만약 과를 얻었다는 마음이 있으면 곧 다툼이 있음이고, 만약 다툼이 있으면 아라한이 아니다.

須菩提 言 不也 世尊 何以故 實無有法名 阿羅漢 世尊
若阿羅漢 作是念 我得阿羅漢道 即爲着我人衆生壽者

수보리가 말씀드리되 아닙니다. 세존이시여, 무슨 까닭인가 하면 실로 아라한이라 할 법이 없기 때문입니다. 세존이시여, 만약 아라한이 이런 생각을 하되 '내가 아라한도를 얻었다' 하면 이는 곧 아상 인상 중생상 수자상에 집착함입니다.

六祖 阿羅漢 梵語 唐言 無諍 無諍者 無煩惱可斷 無貪
육조 아라한 범어 당언 무쟁 무쟁자 무번뇌가단 무탐

瞋可離 情無違順 心境俱空 內外常寂 是名阿羅漢 若有
진가리 정무위순 심경구공 내외상적 시명아라한 약유

得果之心 卽同凡夫 故 言不也
득과지심 즉동범부 고 언불야

아라한은 범어이고 당언(唐言)에는 무쟁(無諍)이다.

무쟁이란 끊을만한 번뇌가 가히 없고, 가히 여읠만한 탐진치도 없으며, 정(情)에 어김이나 따를 것이 없어서 마음과 경계가 함께 공하고 내외가 항상 고요한 것을 이름하여 아라한이라 한다.

만약 과를 얻었다는 마음이 있으면 곧 범부와 같기 때문에 그렇지 않습니다. 라고 말씀하신 것이다.

世尊 佛說我得無諍三昧人中 最爲第一 是第一離欲阿
羅漢 我不作是念 我是離欲阿羅漢

세존이시여, 부처님께서는 저를 무쟁삼매를 얻은 사람 가운데서 제일이라 하시니, 이는 욕심을 떠난 제일의 아라한이라고 하심이나 저는 제가 욕심을 떠난 아라한이라고 생각지 않습니다.

六祖 何名無諍三昧 謂阿羅漢 心無生滅去來 唯有本覺
육조　하명무쟁삼매 위아라한 심무생멸거래 유유본각

常照 故 云無諍三昧 三昧 是梵語 唐言 正受 亦云正見
상조 고 운무쟁삼매 삼매 시범어 당언 정수 역운정견

遠離九十五種邪見 是名正見也然 空中 有明暗諍 性中
원리구십오종사견 시명정견야연 공중 유명암쟁 성중

有邪正諍 念念常正 無一念邪心 卽是無諍三昧 修此三
유사정쟁 염념상정 무일념사심 즉시무쟁삼매 수차삼

昧 人中 最爲第一 若有一念得果之心 卽不名無諍三昧
매 인중 최위제일 약유일념득과지심 즉불명무쟁삼매

무엇을 무쟁삼매라 하는가? 아라한이 마음에 생멸의 거래가 없고 오직 본각(本覺)이 항상 비추고 있으므로 무쟁삼매라 하느니라.

삼매란 범어이고 당언(唐言)에는 정수(正受) "받어들임"이라 하며 또한 정견이라고도 하니, 구십오 종의 사견을 멀리 떠나는 것을 정견이라 한다. 그러나 허공가운데는 명암의 다툼이 있고 성품 중에는 사(邪)와 정(正)의 다툼이 있으니, 생각 생각이 항상 정직하여 한 생각도 삿된 마음이 없는 것을 무쟁삼매라 한다.

이 삼매를 닦은 사람 가운데서 가장 제일이라도, 만약 한 생각이라도 과를 얻었다는 마음이 있으면 곧 무쟁삼매라 이름 할 수 없는 것이다.

**世尊 我若作是念 我得阿羅漢道 世尊 卽不說須菩提 是樂
阿蘭那行者 以須菩提 實無所行 而名須菩提 是樂阿蘭那行**

세존이시여, 제가 만약 이런 생각을 하되 '내가 아라한 도를 얻었다' 하면 세존께서는 곧 '수보리는 아란나행을 즐기는 자'라고 말씀하시지 않으려니와 수보리가 실로 행하는 바가 없으므로 '수보리는 아란나행을 즐기는 자'라고 이름 하셨습니다.

六祖 阿蘭那 是梵語 唐言 無諍行 無諍行 卽是淸淨行
육조　아란나　시범어　당언　무쟁행　무쟁행　즉시청정행

淸淨行者 爲除去 有得心也 若存有所得心 卽是有諍 有
청정행자　위제거　유득심야　약존유소득심　즉시유쟁　유

諍 卽非淸淨道 常行無所得心 卽是無諍行
쟁　즉비청정도　상행무소득심　즉시무쟁행

　아란나는 범어이고 당언(唐言)에는 무쟁행이니, 다툼이 없는 행이란 곧 청정행(淸淨行)이다. 청정행이란 유소득심을 제거한 것이니, 만약 얻은 바가 있다는 마음을 두면 곧 다툼이 있음이요, 다툼이 있으면 곧 청정도가 아님이니, 항상 무소득심을 행하는 것이 곧 무쟁행이다.

傅大士 無生亦無滅 無我復無人 永除煩惱障 長辭後有
부대사　무생역무멸　무아부무인　영제번뇌장　장사후유

身 境亡心亦滅 無復起貪瞋 無悲空有智 簫然獨任眞
신　경망심역멸　무부기탐진　무비공유지　소연독임진

　생(生)도 없고 멸(滅)도 없으며 아(我)가 없으니 다시 인(人)도 없음이라. 번뇌장을 영원히 없애니 깊이 후유신(後有身, 뒤에 몸을 받음)도 받지 않도다.
　경계가 없어지니 마음도 또한 멸하여 다시는 탐진치를 일으키지 않음이라. 자비(慈悲) 없이 공연히 지혜(智慧)만 있어서 홀로 유연히 진(眞)에 맡기도다.

第十 莊嚴淨土分 (정토를 장엄함)

佛 告須菩提 於意云何 如來 昔在然燈佛所 於法 有所得 不 不也 世尊 如來 在然燈佛所 於法 實無所得

부처님께서 수보리에게 이르시되 어떻게 생각하느냐, 여래가 옛적에 연등불 회상에서 법에 얻은 것이 있느냐. 아닙니다. 세존이시여, 여래께서는 연등불 회상에서 법에 실로 얻은 것이 없습니다.

六祖 佛 恐須菩提 有得法之心 爲遣此疑故 問之 須菩
육조 　불 공수보리 유득법지심 위견차의고 문지 수보

提 知法 無所得 而白佛言 不也然燈佛 是釋迦牟尼佛
리 　지법 무소득 이백불언 불야연등불 시석가모니불

授記之師 故 問須菩提 我於師處聽法 有法可得不 須
수기지사 고 문수보리 아어사처청법 유법가득부 수

菩提 卽謂法卽因師開示 而實無所得 但悟自性 本來淸淨
보리 즉위법즉인사개시 이실무소득 단오자성 본래청정

本無塵勞 寂而常照 卽自成佛 當知世尊在然燈佛所於法
본무진로 적이상조 즉자성불 당지세존재연등불소어법

實無所得也 如來法者 譬如日光 明照 無有邊際 而不可取
실무소득야 여래법자 비여일광 명조 무유변제 이불가취

부처님께선 수보리가 법을 얻었다는 마음이 있을까 두려워해서, 이런 의심을 없애기 위한 고로 물은바, 수보리가 법 얻은바가 없음을 알고, 부처님께 아니옵니다. 라고 하였다. 연등불은 석가모니불께 수기한 스승인지라 수보리에게 말씀하시기를, 내가 스승의 처소에서 법을 들을 때 법을 가히 얻은 것이 있느냐 하시거늘 수보리는 곧 법이란 스승으로 인하여 개시되긴 하나, 실로 얻은 바는 없습니다. 하고 답하였다. 다만 자성이 본래 청정하여 본래 진노(塵勞)가 없고 고요하되 항상 비추고 있음을 깨달으면 곧 스스로 성불하는 것이다. 마땅히 알라, 세존이 연등불 처소에 계실 때 법에 있어 실로 얻은 바가 없음이다. 비유컨대 여래법이란 햇빛이 밝게 비쳐 끝이 없으나 가히 취할 수 없음과 같은 것이다.

須菩提 於意云何 菩薩 莊嚴佛土不
不也 世尊 何以故 莊嚴佛土者 卽非莊嚴 是名莊嚴

수보리야, 어떻게 생각하느냐? 보살이 불국토를 장엄하느냐?

아닙니다. 세존이시여, 왜냐하면 불국토를 장엄한다는 것은 곧 장엄이 아니고 그 이름이 장엄입니다.

六祖 佛土淸淨 無相無形 何物 而能莊嚴也 唯以定慧之
육조　불토청정　무상무형　하물　이능장엄야　유이정혜지
寶 假名莊嚴 莊嚴有三 第一莊嚴 世間佛土 造寺寫經
보　가명장엄　장엄유삼　제일장엄　세간불토　조사사경
布施供養 是也 第二莊嚴 身佛土 見一切人 普行恭敬
보시공양　시야　제이장엄　신불토　견일체인　보행공경

是也 第三莊嚴 心佛土 心淨 卽佛土淨 念念常行 無所
시야 제삼장엄 심불토 심정 즉불토정 염념상행 무소

得心 是也
득심 시야

불토가 청정해서 무상무형이니 어떤 물건으로 능히 장엄할 것인가. 오직 정(定)
과 혜(慧)의 보배로써 거짓 장엄이라 이름 하느니라. 장엄에는 세 가지가 있으니,

제1장엄은 세간불토로써 절을 짓고 사경과 보시공양이 이것이고,

제2장엄은 신불토이니 모든 사람을 볼 때 널리 공경하는 것이고,

제3장엄은 심불토이니 마음이 청정하면 곧 정토가 청정한 것이어서 생각 생
각이 얻을 바 없는 마음을 행하는 것이 이것이니라.

說誼 何謂淸淨心 無取無着 是 若欲無取着 須開智慧眼
설의 하위청정심 무취무착 시 약욕무취착 수개지혜안

一切賢聖 以開智慧眼故 善能分別 諸根境界 於中無着
일체현성 이개지혜안고 선능분별 제근경계 어중무착

而得自在 由是 根塵 識界 廓達無碍 一一明妙 一一淸
이득자재 유시 근진 식계 확달무애 일일명묘 일일청

淨如虛空 是可謂天水 相連爲一色 更無纖靄隔淸光 般
정여허공 시가위천수 상연위일색 갱무섬애격청광 반

若利用 如是甚深 如是自在 須開慧眼 普應根門 念念淸
야이용 여시심심 여시자재 수개혜안 보응근문 염념청

淨 塵塵解脫 不應無智 深着諸境
정 진진해탈 불응무지 심착제경

　무엇을 청정심(淸淨心)이라 하는가. 취함도 없고 집착(執着)도 없는 것이 이것이다. 만약 취하고 집착함이 없고자 하면 모름지기 지혜(智慧)의 눈을 열어야 하니, 일체 현성이 지혜의 눈을 연 까닭으로 능히 모든 근(根)의 경계(境界)를 잘 분별(分別)하되, 그 가운데에 집착함이 없어서 자재(自在)함을 얻느니라. 이로 말미암아 육근, 육진, 육식의 경계가 확 트여 걸림이 없어서 낱낱이 밝고 묘하며, 낱낱이 허공과 같이 청정하여서 이것은 가히 하늘과 물이 서로 이어져서 일색(一色)이 됨이다. 다시 섬애(纖靄; 구름조각)도 청광(淸光)을 막지 않았도다.
　반야(般若)의 날카로운 작용이 이와 같이 심히 깊으며, 이와 같이 자재하니 모름지기 지혜의 눈을 열어 널리 근문(根門)에 응하여 생각 생각마다 청정하고 낱낱이 해탈할 것이다.
　마땅히 지혜가 없이 모든 경계에 물들거나 집착하지 말 것이니라.

청운 說

청정심(淸淨心)

有精來下種　因地果還生　無情旣無種　無性亦無生
유정래하종　인지과환생　무정기무종　무성역무생

　유정(有情)은 생명(生命)이 있는 범부중생(凡夫衆生)을 말한다. 중생은 인과(因果)의 법칙에서 벗어날 수가 없다.
　무정(無情)은 번뇌망상(煩惱妄想)이 끊긴 본래의 자성(自性)이고, 인과를 초월하고 유무(有無)를 완전히 넘어섰다는 말이다.

또한 능소(能所; 일체 취사심과 애증(愛憎) 등 상대적인 두 가지 생각)와 아소(我所; 너와 나)가 허공처럼 비어있어 담연상적(湛然常寂)하다. 이것을 해탈이라 하며, 무생심이고, 보리심이며, 진여불성이며, 청정심(淸淨心)이라 한다.

즉 존재(存在)는 있는데 마음이 사라져버린 이 무심의 상태를 진여(眞如)라 한다. 진여는 맑은 거울이다. 거울 앞에 무엇이 오건 물듦없이 있는 그대로 비춘다. 그래서 평등이고 그 비춤이 청정심이다. 그러나 범부중생은 머물러서 집착(執着)하기 때문에 시비(是非)가 일어나고 하되, 반연(攀緣)에 끄달려 다니지만 깨달으면 해도 한 바가 없는 것이다.

傅大士 掃除心意地 名爲淨土因 無論福與智 先且離貪
부대사　소제심의지 명위정토인 무론복여지 선차리탐
瞋 莊嚴 絶能所 無我亦無人 斷常 俱不染 穎脫出囂塵
진 장엄 절능소 무아역무인 단상 구불염 영탈출효진

마음과 뜻을 깨끗하게 하는 것을 정토의 인이라 하니 복과 혜를 논하지 말고 먼저 탐진치를 여월지니라. 장엄은 능소를 끊는 것이어서 아(我)도 없고 인(人)도 없으니 단과 상에 함께 물들지 않으면 시끄러운 세상의 티끌에서 훤히 벗어나리라.

是故 須菩提 諸菩薩摩訶薩 應如是生淸淨心 不應住色生心 不應住聲香味觸法生心 應無所住 而生其心
이런 까닭으로 수보리야, 모든 보살마하살은 응당 이와 같이 청정한 마음을 낼지니 응당히 색에 머물러서 마음을 내지 말며 응당 성 향 미 촉 법에 머물러서 마음을 내지 말 것이요, 응당 머문 바 없이 그 마음을 낼지니라.

六祖 諸修行人 不應說他是非 自言我能我解 心輕未學
육조　제수행인　불응설타시비　자언아능아해　심경미학

此非淸淨 心也自性 常生智慧行平等慈 下心恭敬一切
차비청정　심야자성　상생지혜행평등자　하심공경일체

衆生 是修行人 淸淨心也 若不自 淨其心 愛著淸淨處
중생　시수행인　청정심야　약부자　정기심　애착청정처

心有所住 卽是著法相 見色著色 住色生心 卽是迷人 見
심유소주　즉시착법상　견색착색　주색생심　즉시미인　견

色離色 不住色生心 卽是悟人 住色生心 如雲蔽天 不住
색이색　부주색생심　즉시오인　주색생심　여운폐천　부주

色生心 如空無無雲 日月 長照 住色生心 卽是妄念 不
색생심　여공무무운　일월　장조　주색생심　즉시망념　부

住色生心 卽是眞智 妄念 生 卽暗 眞智 照 卽明 明 卽煩
주색생심　즉시진지　망념　생　즉암　진지　조　즉명　명　즉번

惱 不生 暗 卽六塵 競起
뇌　불생　암　즉육진　경기

　모든 수행인은 응당히 남의 시비를 말하지 말지니, 스스로 말하되 나는 능하고 나는 잘 안다 하여 마음으로 배우지 못한 사람을 가벼이 여기면 이것은 청정심(淸淨心)이 아니로다.

자성에 항상 지혜를 내어서 평등한 자비를 행하고, 하심(下心)하여 일체 중생을 공경하는 이것이 수행인의 청정심이니라. 만약 그 마음을 스스로 깨끗하게 하지 않고 청정한 곳에 애착해서 마음에 머문 바가 있으면 곧 법상에 집착하는 것이니, 색을 보면 색에 집착하고 색에 머물러 마음을 내는 것은 곧 미(迷)한 사람이요, 색을 보되 색을 여의어서 색에 주하지 않고 마음을 내는 것은 곧 깨달은 사람이니, 색에 주하여 마음을 내는 것은 구름이 하늘을 가리는 것과 같고 색에 주하지 않고 마음을 내는 것은 마치 하늘에 구름이 없어서 해와 달이 잘 비춤과 같으며, 주색생심은 곧 망념이요 부주색생심은 곧 참다운 지혜이니 망념이 일어나면 곧 어둡고 참다운 지혜가 비추면 곧 밝은 것이다.

밝으면 곧 번뇌가 일어나지 않고 어두우면 육진이 다투어 일어나느니라.

說誼 不須空然逐風波 常在滅定應諸根 是可謂暗中有
설의 불수공연축풍파 상재멸정응제근 시가위암중유

明 又無所住者 了無內外 中虛無物 如鑑空衡平 而不以
명 우무소주자 요무내외 중허무물 여감공형평 이불이

善惡是非 介於胸中也 生其心者 以無住之心 應之於事
선악시비 개어흉중야 생기심자 이무주지심 응지어사

而不爲物累也 孔夫子 云君子之於天下也 無適也 無莫
이불위물루야 공부자 운군자지어천하야 무적야 무막

也 義之與比 此 言心無所倚 而當事以義也 當事以義
야 의지여비 차 언심무소의 이당사이의야 당사이의

則必不爲物累矣 不爲物累則必不失其宜矣 聖人 時異
즉필불위물누의 불위물누즉필부실기의의 성인 시이

而道同 語異而相須 於斯 可見也已 謝氏 於無適莫註
이도동 어이이상수 어사 가견야이 사씨 어무적막주

中 引經此句 以爲猖狂 自恣 而卒得罪於聖人 何其言之
중 인경차구 이위창광 자자 이졸득죄어성인 하기언지

不審 至於如是之甚耶 昔者 盧能 於五祖忍大師處 聞說
불심 지어여시지심야 석자 노능 어오조인대사처 문설

此經 到此心花頓發 得傳衣盂 爲第六祖 自爾五葉 結
차경 도차심화돈발 득전의우 위제육조 자이오엽 결

果 芬芳天下 故知 只此一句 出生無盡人天師也 嗚呼
과 분방천하 고지 지차일구 출생무진인천사야 오호

謝氏 何將管見 擬謗蒼蒼乎
사씨 하장관견 의방창창호

모름지기 공연히 풍파를 쫓지 말고 항상 멸진정에 머물러 모든 근기(根機)에 응해야 함이니, 이것은 가위 어두운 가운데서 밝음이 있는 도리로다. 또 무소주(無所住)란 마침내 내외가 없고 중간도 비어서 사물(事物)이 없는 것이 마치 거울이 텅비고 평평한 저울대와 같아서 선악시비를 가슴속에 두지 않는 것이요. 생기심(生其心)이란 주하는 바 없는 마음으로써 사(事)에 응하되 물(物)에 얽매이지 않는 것이다.

공자가 말하기를 군자(君子; 聖人)가 천하에 머물면 옳은 것도 없고 옳지 않음도 없어서, 뜻과 더불어 화(和)한다 하시니 이는 마음에 의지하는 바가 없어서 일을 당하여 의(義)로써 행함을 말함이니 일을 당하여 의(義)로써 행한즉 반드시 그 마땅함을 잃지 않는 것이다.

성인(聖人)이 비록 태어난 시대는 다르나 도(道)는 같고, 말은 비록 다르나 서로 구하는 것은 다름이 없음을 가히 알 수 있다. 사씨(謝氏)가 무적막(無適莫; 可, 不可도 없음)의 주(註)가운데 경(經)의 이 구(句)를 인용하되, 창광히(미친듯이) 스스로 방자하게 함으로써 마침내 성인에게 죄를 지었다 하니, 어찌 말을 살피지 못함이 이같이 심한 데까지 이르렀는가. 옛날에 혜능이 오조 홍인대사의 처소에서 이 경(經)을 설(說)함을 듣고, 여기에 이르러 마음 꽃이 활짝 피어서 가사와 발우를 전해 받으시고 제 육조가 되셨다.

그로부터 오엽(五葉)이 열매를 맺어 천하를 향기롭게 했도다. 그러므로 알라. 단지 이 한 구절 응무소주 이생기심(應無所住 而生其心)이 다함이 없는 인천의 스승을 출생시키셨도다.

오호라, 사씨여 어찌 좁은 소견으로 저 푸르고 넓은 하늘을 비방하려 하였던가.

청운 說

진공덕(眞功德)

달마대사께서 처음 양무제를 교화하실 때 양무제가 묻기를 짐이 일생동안 절을 짓고 스님들 공양하며 재 올린 일의 공덕이 얼마나 됩니까? 하니 달마대사께서 실로 공덕이 없습니다. 하셨다는데 제자로서는 이 뜻을 알지 못하겠습니다. 원컨대 가르쳐 주시옵소서 하는 물음에,

육조께서는 실로 공덕이 없는 것이니 옛 성인의 말씀을 의심치 말라. 무제가

마음이 샷되어 바른 법을 모르고 절을 짓고 공양하며 스님들께 보시(布施)하고 재를 베푼 것은 그 이름이 복을 구했을 뿐이니 가히 공덕을 삼을 수는 없는 것이다. 하시며,

功德 在法身中 不在修福
공덕 재법신중 부재수복

공덕은 법신 가운데 있고, 복을 닦는데 있지 않느니라 하셨다.

見性是功 平等是德 念念無滯 常見本性 眞實妙用 名爲
견성시공 평등시덕 염념무체 상견본성 진실묘용 명위

功德 內心謙下 是功 外行於禮 是德 自性建立 萬法 是
공덕 내심겸하 시공 외행어례 시덕 자성건립 만법 시

功 心體離念 是德 不離 自性 是功 應用無染 是德 若覓
공 심체리념 시덕 불리 자성 시공 응용무염 시덕 약멱

功德法身 但依此作 是眞功德 若修功德 之人 心卽不
공덕법신 단의차작 시진공덕 약수공덕 지인 심즉불

輕 常行普敬 心常輕人 吾我不斷 卽自無功 自性 虛妄不
경 상행보경 심상경인 오아부단 즉자무공 자성 허망부

實 卽自無德 爲吾我自大 常輕一切故 善知識 念念無間
실 즉자무덕 위오아자대 상경일체고 선지식 염념무간

是功 心行平直 是德 自修性 是功 自修身 是德 善知識
시공 심행평직 시덕 자수성 시공 자수신 시덕 선지식

功德須自性內見 不是布施供養 之所求也 是以 福德與
공덕수자성내견 부시보시공양 지소구야 시이 복덕여

功德別 武帝 不識眞理
공덕별 무제 불식진리

또한 성품을 보는 것이 이 공이요, 평등이 이 덕이니 생각에 막힘이 없어서 항상 본성의 진실한 묘용을 보는 것을 이름하여 공덕이라 하느니라.

안으로 마음을 겸손히 하고 낮추는 것이 공이요, 밖으로 예를 행함이 이 덕이며, 자성이 만법을 세우는 것이 이 공이요, 마음 자체가 생각을 떠난 것이 이 덕이며, 자성을 떠나지 않음이 이 공이요, 쓰지만 물들지 않는 것이 이 덕이니라.

만약 공덕법신을 찾으려 하면 다만 이렇게 하는 것이 참 공덕이 되는 것이니 그에 의지해야 하느니라.

만약 공덕을 닦는 사람이라면 마음으로 경멸함이 없고 공경함을 항상 널리 행해야 할 것이다. 마음으로 늘 남을 업신여기고 '나' 하는 생각이 끊어지지 않으면 곧 스스로 공이 없는 것이며, 자성이 허망하여 진실하지 못하면 곧 그것이 덕이 없는 것이다. '나' 하면서 나를 크게 내세워 모든 것을 항상 가볍게 보기 때문이니라.

선지식이여, 생각 생각에 간격이 없는 것이 이 공이며, 마음이 평등하고 곧은 것을 행하는 것이 이 덕이다. 스스로 성품을 닦아 가는 것이 이 공이요, 스스로 몸을 닦는 것이 이 덕이다. 선지식이여, 공덕은 다만 자성을 안으로 보는 것일 뿐, 보시나 공양으로 구해지는 것이 아니다.

그러므로 공덕과 복덕이 다른 것인데, 무제는 진리를 알지 못했던 것이다.

청운 說

이처럼 진리도, 진공덕도 실체가 있는 것은 아니다. 진리를 실천하더라도, 공덕을 짓더라도 진리라는, 공덕이라는 상(相)이 남아 있는 이상 그것은 가짜일 뿐이다. 무엇이든 잘 해 놓고 잘 했다고 상을 내면 잘 한 것이 아니다. 수행을 열심히 해 놓고 열심히 수행했노라고 하면 수행한 것이 아니며, 아무리 불국토를 장엄하는 일에 힘을 쏟았더라도 불국토를 장엄했다는 상을 일으키고 거기에 마음이 머물러 있으면 그것은 참된 장엄이 아니다. 모름지기 함이 없이 할 수 있어야 한다. 머무는 바 없이 할 수 있어야 한다.

수행을 하고서도 수행했다는 바에 머물지 않아야 하며, 베풀고서도 베풀었다는 상을 일으켜 베풂에 마음을 머물지 않아야 한다. 그 마음에 집착해서는 안 된다.

그래서 부처님께서는 '마땅히 머무는 바 없이 그 마음을 내어라'라고 말씀하고 계신다.

須菩提 譬如有人 身如須彌山王 於意云何 是身 爲大不 須菩提 言 甚大 世尊 何以故 佛說非身 是名大身

수보리야, 비유하건대 어떤 사람이 몸이 큰 수미산 같다면 어떻게 생각하느냐, 그 몸이 크다고 하겠느냐. 수보리가 말씀드리되 매우 큽니다. 세존이시여, 왜냐하면 부처님께서는 몸 아닌 것을 이름하여 큰 몸이라 하셨습니다.

六祖 色身 雖大 內心量小 不名大身 內心量大 等虛空
육조　색신　수대　내심양소　불명대신　내심양대　등허공

界 方名大身色身 縱如須彌 終不爲大
계 방명대신색신 종여수미 종불위대

몸뚱이는 비록 크나 내심의 양(量)이 작으면 큰 몸이라 이름 할 수 없고 내심의 양이 커서 허공계와 같아야 비로소 큰 몸이라 이름하니, 몸뚱이는 비록 수미산 같더라도 마침내 대(大)가 되지 못하는 것이다.

說誼 雖曰續焰然燈 傳介什麽 得介什麽 雖曰莊嚴佛土
설의　수왈속염연등 전개십마 득개십마 수왈장엄불토

所嚴何土 能嚴何人 能所旣無 心應無住 心旣無住諸妄
소엄하토 능엄하인 능소기무 심응무주 심기무주제망

消 妄旣消亡一眞現 昔究 法華妙旨 感驗契實 直得心法
소　망기소망일진현 석구　법화묘지 감험계실 직득심법

兩亡 根塵俱泯 且道 莊嚴介什麽 一彈指間 無法不圓
양망 근진구민 차도 장엄개십마 일탄지간 무법불원

一刹那際 無罪不滅 莊嚴 淨土事如是 而與實相不違背
일찰나제 무죄불멸 장엄　정토사여시 이여실상불위배

비록 지혜의 불꽃을 연등불로부터 이었다 하나 전한 것은 그 무엇이며 얻은 것은 그 무엇인가. 비록 불토(佛土)를 장엄한다고 하나 장엄할 곳(所)은 어느 국토이며 능(能)히 장엄함은 누구인가. 능(能)과 소(所)가 없음에 마음이 응당히 주하지 않는지라. 마음이 이미 주하지 않으면 모든 망(妄)이 녹고 망념이 이미 소멸

되면 하나의 진(眞)만이 나타남이로다.

　옛날에 법화경의 묘지(妙旨)를 연구하다가 효험을 감득하고 여실(如實)한데 계합하여 바로 마음과 법을 모두 잊고 육근과 육진이 함께 없어짐을 얻었도다. 또 말하라. 장엄함은 그 무엇인가. 한번 손가락을 튕김에 법(法)마다 원만하지 않음이 없으며 한 찰나 사이에 멸하지 못할 죄가 없음이로다. 정토를 장엄함이 이와 같으니 실상과 더불어 위배되지 않음이로다.

第十一 **無爲福勝分**(무위복이 수승함)

須菩提 如恒河中所有沙數 如是沙等恒河 於意云何 是
諸恒河沙 寧爲多不 須菩提 言 甚多 世尊 但諸恒河 尙多
無數 何況其沙 須菩提 我今實言 告汝 若有善男子善女人
以七寶 滿爾所恒河沙數三千大千世界 以用布施 得福 多
不 須菩提 言 甚多 世尊 佛 告須菩提 若善男子善女人 於
此經中 乃至 受持四句偈等 爲他人說 而此福德 勝前福德

수보리야, 항하에 있는 모래처럼 많은 항하가 또 있다면 어떻게 생각하느냐? 이 모든 항하에 있는 모래가 얼마나 많겠느냐? 수보리가 말씀드리되 매우 많습니다. 세존이시여, 다만 저 여러 항하만이라도 오히려 무수히 많거늘 하물며 그 모래수이겠습니까.

수보리야, 내가 이제 진실한 말로 너에게 이르노니, 만약 어떤 선남자, 선여인이 칠보로써 저 항하의 모래수와 같은 삼천대천세계에 가득 채워서 보시한다면 얻을 복이 많겠느냐. 수보리가 말씀드리되 매우 많습니다. 세존이시여.

부처님께서 수보리에게 이르시되 만약 선남자 선여인이 이 경 가운데서 사구게 만이라도 받아 지니고 다른 사람을 위하여 설한다면 그 복덕은 앞에서 칠보로 보시한 복덕보다 수승하리라.

六祖 布施七寶 得三界富貴報 强雪大乘經典 令諸聞者
육조　보시칠보　득삼계부귀보　강설대승경전　영제문자

生大智慧 成無上道 當知受持福德 勝前七寶福德也
생대지혜 성무상도 당지수지복덕 승전칠보복덕야

 칠보를 보시하는 것은 삼계(三界)의 부귀한 과보를 얻음이요, 대승경전을 강설하는 것은 모든 듣는 자로 하여금 대지혜를 내어서 무상도를 이루게 함이니 마땅히 알라. 경을 수지하는 공덕이 앞의 칠보를 보시하는 복덕보다 수승하리라.

傅大士 恒河數甚多 沙數更難量 將沙齊七寶 能持布施
부대사 항하수심다 사수갱난량 장사제칠보 능지보시

漿 有相皆爲幻 徒言智慧强 若論四句偈 此福 未爲長
장 유상개위환 도언지혜강 약론사구게 차복 미위장

 항하의 수가 심히 많으며, 모래수 또한 헤아리기 어렵도다.
 모래수와 같은 칠보를 가지고 능히 보시해 줄지라도 상(相)이 있으면 다 환(幻)이 됨이라. 한갓 지혜가 강함을 말할 뿐이니 만약 사구게를 논할진대 이 복(布施)은 길지 못하리라.

第十二 **尊重正敎分**(바른 가르침을 존중함)

復次須菩提 隨說是經 乃至四句偈等 當知此處 一切世間天人阿修羅 皆應供養 如佛塔廟

그리고 또 수보리야, 어디서나 이 경을 설하되 사구게만이라도 설한다면, 마땅히 알라. 이곳은 일체 세간의 천상, 인간, 아수라 등이 다 응당 공양하기를 부처님의 탑묘와 같이 할 것이거늘

六祖 所在之處 如有人 卽說是經 若念念常行無念心 無
육조 소재지처 여유인 즉설시경 약염념상행무념심 무

所得心 不作能所 心說 若能遠離諸心 常依無所得心 卽
소득심 부작능소 심설 약능원리제심 상의무소득심 즉

此身中 有如來全身舍利 故言如佛 塔廟 以無所得心 說
차신중 유여래전신사리 고언여불 탑묘 이무소득심 설

此經者 感得天龍八部 悉來聽受 心若不淸淨 但爲名 聞
차경자 감득천룡팔부 실래청수 심약불청정 단위명 문

利養 而說是經者 死墮三途 有何利益 心若 淸淨 而說
이양 이설시경자 사타삼도 유하이익 심약 청정 이설

是經者 令諸聽者 除迷妄心 悟得本來佛性 常行眞實 感
시경자 영제청자 제미망심 오득본래불성 상행진실 감

得天人阿修羅人非人等 皆來供養 持經之人
득천인아수라인비인등 개래공양 지경지인

경(經)이 있는 곳에서 사람을 만나면 곧 이 경을 설하되 마땅히 생각 생각에 늘 무념심(無念心)과 무소득심(無所得心)을 행하여 능소심(분별심)을 지어서 설하지 말지니, 만약 모든 마음을 멀리하여 항상 무소득심에 의지하면 곧 이 몸 가운데 여래의 전신사리(全身舍利)가 있는 것이니, 고로 부처님의 탑묘와 같다고 함이다. 무소득심으로 이 경을 설한 자는 천룡팔부가 다 와서 듣고 받아 가짐을 느끼지만, 마음이 청정하지 못하고 다만 명예와 이익을 위해서 이 경을 설한 자는 죽어서 삼악도(三惡道)에 떨어지리니 무슨 이익이 있겠는가. 마음이 만약 청정하여 이 경을 설한 자는 모든 듣는 자로 하여금 미혹되고 망령된 마음을 없애고, 본래의 불성을 깨달아서 항상 참되고 실답게 행하게 하므로 천인과 아수라, 인, 비인 등이 모두 와서 공양할 것이다.

청운 說

삼악도(三惡道) 삼선도(三善道)

부처님이 계신 곳을 사람뿐 아니라 온갖 불법을 옹호하는 선신들이 함께 하게 마련이다. 여기에서 천, 인, 아수라는 바로 그 호법선신들을 대변하고 있다. 모든 존재는 육도를 윤회한다. 육도는 다시 지옥, 아귀, 축생이라는 삼악도(三惡道)와 천, 인, 아수라라는 삼선도(三善道)로 나뉜다. 지옥, 아귀, 축생의 중생들은 자신이 지은 전생의 악업을 받느라고 끊임없는 괴로움과 어리석음 속에서 산다. 그러므로 부처님을 공양한다거나 불법을 옹호하거나 기도하고 수행하는 등의 행위를 하지 못한다. 그러나 천, 인, 아수라는 과거에 지은 선한 업의 결과를 받기 때문에 부처님 도량을 옹호하고 공양한다.

何況有人 盡能受持讀誦 須菩提 當知是人 成就最上第
一希有之法 若是經典所在之處 卽爲有佛 若尊重弟子

어찌 하물며 어떤 사람이 능히 경을 다 수지하고 독송함이겠는가. 수보리야,
마땅히 알라. 이 사람은 최상이며 제일인 희유한 법을 성취하리라.
만약 이 경전이 있는 곳에는 곧 부처님과 존중할 제자가 계심이 되느니라.

六祖 自心 誦得此經 自心 解得經義 更能體得無著無相
육조　자심　송득차경　자심　해득경의　갱능체득무착무상

之理 所在之處 常修佛行 念念無有間歇 卽自心 是佛
지리　소재지처　상수불행　염념무유간헐　즉자심　시불

故言所在之處 卽爲有佛
고언소재지처　즉위유불

　자기 마음으로 이 경을 외우고, 자기 마음으로 경(經)의 뜻을 이해하며, 다시
능히 무착, 무상의 이치를 체득하여, 있는 바의 곳에서 항상 부처님의 행을 닦
아서, 생각 생각이 쉬지 않으면 자기 마음이 곧 부처인 것이다. 그러므로 이 경
이 있는 곳은 곧 부처님이 계신다고 하는 것이다.

宗鏡 慈愍三根隨說 乃人天 敬仰 受持四句 皆應如塔廟
종경　자민삼근수설　내인천　경앙　수지사구　개응여탑묘

尊崇 常行無念之心 卽爲希有之法 如何是 最上第一句
존숭　상행무념지심　즉위희유지법　여하시　최상제일구

非但我今獨達了 恒沙諸佛 體皆同 說處隨宜不滯空 勸
비단아금독달료 항사제불 체개동 설처수의불체공 권

持四句爲流通 天龍覆護尊如塔 功德 無邊讚莫窮
지사구위유통 천룡복호존여탑 공덕 무변찬막궁

자비로써 어여삐 여기시어 세 가지 근기를 따라 설하시니 이에 인천(人天)이 우러러 공경함이요, 사구(四句)를 수지함에 다 응당히 부처님의 탑묘와 같이 존중하도다. 무념의 마음으로 행하면 곧 희유한 법이 되도다. 어떤 것이 최상의 제일구인가. 비단, 나만 지금 홀로 깨달았을 뿐 아니라 항하사(恒河沙)의 제불이 체(體)가 다 같음이로다.

곳에 따라 설하되 마땅히 공(空)에 걸림이 없으니

사구(四句)를 가지고 권하여 유통하도다.

천룡이 보호하길 탑과 같이 존중하니

그 공덕이 가없어 다 찬탄할 수 없도다.

第十三 如法受持分 (법답게 받아 지님)

爾時 須菩提 白佛言 世尊 當何名此經 我等 云何奉持 佛 告須菩提 是經 名爲 金剛般若波羅蜜 以是名字 汝當 奉持 所以者 何 須菩提 佛說般若波羅蜜 卽非般若波羅蜜 是名般若波羅蜜

그때에 수보리가 부처님께 사뢰었다. "세존이시여, 이 경을 무엇이라 이름하며 저희들이 어떻게 받들어 지니오리까."

부처님께서 수보리에게 이르시되 "이 경은 금강반야바라밀이니 이 이름으로써 너희들은 마땅히 받들어 지닐지니라.

그 까닭이 무엇인가. 수보리야, 부처가 설한 반야바라밀은 곧 반야바라밀이 아니고 그 이름이 반야바라밀이니라.

六祖 佛說般若波羅蜜 今諸學人 用智慧 除却愚心生滅
육조　불설반야바라밀　금제학인　용지혜　제각우심생멸
生滅 滅盡 卽到彼岸 若心有所得 卽不到彼岸 心無一法
생멸　멸진　즉도피안　약심유소득　즉부도피안　심무일법
可得 卽是到彼岸 口說心行 乃是到彼岸也
가득　즉시도피안　구설심행　내시도피안야

부처님께서 반야바라밀을 설하심은, 모든 학인으로 하여금 지혜를 써서 어리석은 마음이 생멸(生滅)하는 것을 없애게 하심이니, 생멸이 모두 없어지면 곧 피안(彼岸)에 이르는 것이다.

만약 마음에 얻은 것이 있으면 곧 피안에 이르지 못하고 마음에 한 법도 가히 얻을 것이 없으면 곧 피안에 이르는 것이니, 입으로 설하고 마음으로 행하는 것이 피안에 이르는 것이다.

須菩提 於意云何 如來 有所說法不 須菩提 白佛言 世尊 如來 無所說
수보리야, 어떻게 생각하느냐, 여래가 설한 바 법이 있느냐. 수보리가 부처님께 사뢰어 말씀드리되 세존이시여, 여래께서 설하신 바가 없습니다.

六祖 佛 問須菩提 如來說法 心有所得不 須菩提 知如來說法 心無所得 故 言無所說也 如來意者 欲令世人 離有所得之心 故說般若波羅蜜法 令一切人 聞之 皆發菩提心 悟無生理 成無上道也
육조 불 문수보리 여래설법 심유소득부 수보리 지여래설법 심무소득 고 언무소설야 여래의자 욕영세인 이유소득지심 고설반야바라밀법 영일체인 문지 개발 보리심 오무생리 성무상도야

부처님께서 수보리에게 물으시길 여래(如來)의 설법이 마음으로 얻은 것이 있는가. 수보리는 여래 설법이 마음으로 얻은 것이 없음을 알기에 설한 것이 없습

니다." 고 답했다. 여래의 뜻이란 세상 사람으로 하여금 유소득심(有所得心)을 떠나게 하고자 하시므로 반야바라밀법을 설하시어 일체인이 그것을 듣고 모두 보리심을 내어 무생(無生)의 이치를 깨달아서 위없는 도를 이루게 하심이다.

須菩提 於意云何 三千大千世界所有微塵 是爲多不 須菩提 言 甚多 世尊 須菩提 諸微塵 如來 說非微塵 是名微塵 如來 說世界 非世界 是名世界

수보리야, 어떻게 생각하느냐, 삼천대천세계에 있는 미진이 많지 않겠느냐. 수보리가 말씀드리되 매우 많습니다. 세존이시여 수보리야, 모든 미진을 여래가 설하되 미진이 아니라 그 이름이 미진이며, 여래가 설한 세계가 아니라 그 이름이 세계니라.

六祖 如來 說衆生性中妄念 如三千大千世界中所有微
육조 여래 설중생성중망념 여삼천대천세계중소유미

塵 一切衆生 被妄念微塵 起滅不停 遮蔽佛性 不得解脫
진 일체중생 피망념미진 기멸부정 차폐불성 부득해탈

若能念念眞正 修般若波羅蜜無著無相行 了妄念塵勞
약능염념진정 수반야바라밀무착무상행 요망념진노

卽淸淨法性 妄念 旣無 卽非微塵 是名微塵 了眞卽妄
즉청정법성 망념 기무 즉비미진 시명미진 요진즉망

了妄卽眞 眞妄 俱泯 無別有法 故 云是名微塵 性中 無
요망즉진 진망 구민 무별유법 고 운시명미진 성중 무

塵勞 卽是佛世界 心中 有塵勞 卽是衆生世界 了諸妄念
진노 즉시불세계 심중 유진노 즉시중생세계 요제망념

空寂 故 云非世界 證得如來法身 普現塵刹 應用無方
공적 고 운비세계 증득여래법신 보현진찰 응용무방

是名世界
시명세계

 여래께서 설하시기를 중생의 성품 가운데 망념은 삼천대천세계의 미진과 같으니 일체중생이 미진처럼 많은 망념을 일으키고 멸하며, 잠시도 머물지 못하여 불성(佛性)을 막고 가려서 해탈을 얻지 못하나니, 만약 능히 생각 생각을 참답고 바르게 하여 반야바라밀의 무착, 무상행을 닦으면 망념진로가 곧 청정법성(淸淨法性)임을 깨달으리라.

 망념이 이미 없어지면 곧 미진이 아니고 진(眞)이 곧 망(妄)인줄 깨달으며, 망(妄)이 곧 진(眞)임을 깨달아서 진망이 함께 없어지면 달리 법이 없음이라. 이 까닭에 미진이라 이름하느니라.

 성품 중에 진노(塵勞)가 없으면 곧 불세계이고, 심중(心中)에 진노가 있으면 곧 중생세계이니 모든 망념이 공적(空寂)함을 깨달은 고로 비세계라고 한다. 여래법신을 증득하여 널리 온갖 세계에 나타나서 응용함에 막힘이 없으므로 이를 세계라 이름한 것이다.

冶父 頭指天脚踏地 饑則湌困則睡 此土西天 西天此土
야보 두지천각답지 기즉손곤즉수 차토서천 서천차토

到處元正 便是年 南北東西祇者是
도처원정 변시년 남북동서지자시

머리는 하늘을 가리키고 발은 땅을 밟으며

주리면 먹고 곤하면 잠을 자도다.

이곳이 서천(西天: 극락)이요 서천(西天)이 바로 이곳이며,

곳곳의 설날은 똑같은 새해이니 남북동서가 바로 이 자리로다.

說誼 指天踏地人所同 飢湌困睡孰不能 只這眞消息 彼
설의   지천답지인소동 기손곤수숙불능 지저진소식 피

此無兩般 只如無兩般底道理 作麼生道 梅枝片白 足知
차무양반 지여무양반저도리 작마생도 매지편백 족지

天下春 梧桐一葉可 知天下秋 從此不疑天下事 天下人
천하춘 오동일엽가 지천하추 종차불의천하사 천하인

皆應似我 應似我 久旱 逢甘雨 何人 獨不喜 又頭指云
개응사아 응사아 구한 봉감우 하인 독불희 우두지운

云 平常榺不動 此土云云 彼此無兩般 到處 云云 無私
운 평상총부동 차토운운 피차무양반 도처 운운 무사

一著子 全該一切處
일착자 전해일체처

하늘을 가리키고 땅을 밟음은 사람이 모두 같음이라. 주리면 먹고 곤하면 자는 것은 누가 능히 못하리오. 다만 이 참 소식은 피차에 두 가지가 없으니 다만 저 두 가지가 없는 도리를 어떻게 말할 것인가.

매화가지의 한 송이 흰 꽃은 족히 천하에 봄임을 알고 오동잎 하나 떨어지면 천하에 가을임을 알림이라. 이것으로써 천하의 일을 의심하지 않으니 천하(天下)의 사람이 다 마땅히 나와 같도다.

오랜 가뭄에 단비를 만났으니 어떤 사람인들 홀로 기쁘지 않으리오.

또한 '머리는 하늘을 ~' 이란 평상하여 모두 움직이지 않음이요, '이곳이 ~란' 피차 두 가지가 없음이요, '곳곳의' 란 사사로움이 없는 일착자(一着子)가 온전히 일체처를 갖추었음이로다.

須菩提 於意云何 可以三十二相 見如來不 不也 世尊 不可以三十二相 得見如來 何以故 如來 說三十二相 卽是非相 是名三十二相

수보리야, 어떻게 생각하느냐. 삼십이상(三十二相)으로써 여래를 볼 수 있겠느냐. 아닙니다.

세존이시여, 삼십이상(三十二相)으로 여래를 볼 수 없습니다. 왜냐하면 여래께서 설하신 삼십이상(三十二相)은 곧 상이 아니고 그 이름이 삼십이상(三十二相)이기 때문입니다.

六祖 三十二相者 是三十二淸淨行 於五根中 修六波羅
육조 삼십이상자 시삼십이청정행 어오근중 수육바라

蜜 於意根中 修無相 無爲 是名三十二淸淨行 常修此三
밀 어의근중 수무상 무위 시명삼십이청정행 상수차삼

十二淸淨行 卽得成佛 若不修三十二淸淨行 終不成佛
십이청정행 즉득성불 약불수삼십이청정행 종불성불

但愛著如來 三十二相 自不修 三十二行 終不見如來
단애착여래 삼십이상 자불수 삼십이행 종불견여래

32상이란 곧 32청정행이니 오근중(五根中)에 육바라밀을 닦고 의근중(意根中)에 무상과 무위를 닦으면 이것을 32청정행이라 이름하느니라.

(오근×육바라밀+무상+무위 = 삼십이상).

항상 32청정행을 닦지 않으면 마침내 성불하지 못하며, 다만 여래의 32상만을 애착하고 스스로 三十二행을 닦지 않으면 마침내 여래를 보지 못하느니라.

須菩提 若有善男子善女人 以恒河沙等身命 布施 若復
有人 於此經中 乃至受持四句偈等 爲他人說 其福 甚多

만약, 또 어떤 사람이 이 경 가운데서 사구게 만이라도 받아 지녀서 다른 사람을 위해 설한다면 그 복이 저 복보다 매우 많으니라.

六祖 世間重者 莫過於身命 菩薩 爲法 於無量劫中 捨
육조 세간중자 막과어신명 보살 위법 어무량겁중 사

施身命 分與一切 衆生 其福 雖多亦不如受持此經四句
시신명 분여일체 중생 기복 수다역불여수지차경사구

之福 多怯捨身 不了空義妄心 不除 元是衆生 一念持經
지복 다겁사신 불료공의망심 부제 원시중생 일념지경

我人頓盡 妄想 旣除 言下成佛 故知多怯捨身 不如 持
아인돈진 망상 기제 언하성불 고지다겁사신 불여 지

經四句之福
경사구지복

　　세간에서 소중하게 여기는 것은 목숨보다 더한 것이 없는데, 보살이 법을 위하여 무량겁 동안 목숨을 보시하고 베풀어 일체중생에게 나눠주면 그 복이 비록 많으나, 이 경의 사구게를 수지하는 복과는 같지 않으니, 다겁동안 몸을 보시하되 공(空)의 도리(道理)를 요달하지 못하면 망령된 마음을 없애지 못하는 것이라, 원래 중생인 것이요, 한순간이라도 경을 지니어 아(我)와 인(人)이 다 없어지면 망상도 또한 이미 없어짐이어서 언하(言下)에 성불(成佛)인 것이다. 그러므로 알라, 오랜 세월 동안 몸을 보시함은 경(經)의 사구게를 수지하는 복만 못하도다.

청운說

육조단경의 금강경 수지독송 공덕

善知識 若欲入甚深法界 及般若三昧者 須修般若行 持
선지식 약욕입심심법계 급반야삼매자 수수반야행 지

誦金剛般若經 卽得見性 當知此功德 無量無邊 經中
송금강반야경 즉득견성 당지차공덕 무량무변 경중

分明讚嘆莫能具說 此法門 是最上乘 爲大智人說 爲上
분명찬탄막능구설 차법문 시최상승 위대지인설 위상

根人說 小根小智人聞 心生不信 何以故 譬如大龍 下雨
근인설 소근소지인문 심생불신 하이고 비여대룡 하우

於閻浮提 城邑聚落 悉皆漂流 如漂棗葉 若雨大海 不
어염부제 성읍취락 실개표류 여표조엽 약우대해 부

增不減 若大乘人 若最上乘人 聞說金剛經 心開悟解 故
증불감 약대승인 약최상승인 문설금강경 심개오해 고

知本性 自由般若之智 自用智慧 常觀照故 不假文字 譬
지본성 자유반야지지 자용지혜 상관조고 불가문자 비

如雨水 不從天有 元是龍能興致 令一切衆生 一切草木
여우수 부종천유 원시룡능흥치 령일체중생 일체초목

有情無情 悉皆蒙潤 百川衆流 却入大海 合爲一體 衆
유정무정 실개몽윤 백천중류 각입대해 합위일체 중

生本性 般若之智 亦復如是
생본성 반야지지 역부여시

선지식이여, 만약 깊은 법계와 반야삼매에 들고자 하거든 모름지기 반야행을 닦고「금강반야경」을 지녀 외우면 곧 견성하게 되리라. 마땅히 알라. 이 공덕이 한량없고, 가이 없으니 경 가운데 분명히 찬탄하였는바 이루 다 말할 수 없노라. 이 법문은 최상승 법문이니 큰 지혜있는 사람을 위하여 설명하며, 근기(根機)가 높은 이를 위하여 설하신 것이다. 얕은 지혜를 가진 사람이 들으면 믿지 않기 때문이니라. 왜냐하면 비유컨대 마치 큰 용이 염부제(수미산 남쪽에 있다는 나라이름)에 비를 내릴 때에 성안의 동네가 떠내려가는 것이 마치 대추잎이 물에 떠내려가는 것 같겠지만 만약 큰 바다에 비를 내렸다면 물이 더 많아지지도 않고 줄지도 않는 것과 같기 때문이니라. 만약 대승인과 최상승인이 금강경을 설하는 것을 들으면 마음이 열리어 깨달아 알게 된다. 그러므로 본성에 스스로 반야의 지혜가 있어서 그 지혜로 항상 관조하기 때문에 문자를 빌리지 않느니라. 비유컨대 비와 물이 하늘에 있는 것이 아니고 원래 용이 일으켜서 일체 중생과 온갖 초목의 생명 있는 것, 없는 것 등이 다 윤택하게 되고 백 천의 흐르는 물이 다 큰 바다에 들어가서 합하여 일체가 되는 것과 같으니 중생의 본래 성품인 반야의 지혜도 또한 이와 같으니라.

청운 說

근기(根機)

불교에서 법밭이라하며, 예로 손바닥이 서로 마주쳐야 소리가 나는데, 이것은 손바닥 연기(緣起)가 되어야 "딱" 하고 소리가 나는 거와 같은 뜻이다. 뿌리가 튼튼해야 열매가 견고하듯이 과거 다생겁래로 닦아온 인연(因緣)이 금강경 읽는 소리를 만나 탁 터진 것이다.

육조혜능이 나무를 해서 팔고 돌아오는 길에 금강경 읽는 소리를 듣고 깨쳤다 했는데 그것은 근기가 수승해야 되는 것이다.

第十四 **離相寂滅分**(상을 떠나서 적멸함)

爾時 須菩提 聞說是經 深解義趣 涕淚悲泣 而白佛言 希有世尊 佛說如是甚深經典 我從昔來所得慧眼 未曾得聞如是之經

世尊 若復有人 得聞是經 信心淸淨 卽生實相 當知是人 成就第一希有功德

 이때에 수보리가 이 경 설하심을 듣고 깊이 그 뜻을 깨달아 눈물을 흘리고 슬피 울면서 부처님께 사뢰었다. "희유하십니다. 세존이시여, 부처님께서 이렇게 심히 깊은 경전을 설하심은 제가 예로부터 얻은 바 혜안으로도 일찍이 이와 같은 경은 얻어 듣지 못하였습니다."

 세존이시여, 만약 또 어떤 사람이 이 경을 얻어 듣고 신심이 청정하면 곧 실상을 내리니, 마땅히 이 사람은 제일 희유한 공덕을 성취한 사람임을 알겠습니다.

六祖 自性不癡 名慧眼 聞法自悟 名法眼 須菩提 是阿
육조 자성불치 명혜안 문법자오 명법안 수보리 시아
羅漢 於五百弟子中 解空第一 已曾勤奉多佛 豈得不聞
라한 어오백제자중 해공제일 이증근봉다불 개득불문
如是深法 今於釋迦牟尼佛所 始聞也 然 或是須菩提
여시심법 금어석가모니불소 시문야 연 혹시수보리

於往昔所得 乃聲聞慧眼 今方悟佛意 始得聞如是深經
어왕석소득 내성문혜안 금방오불의 시득문여시심경
悲昔未悟故 涕淚悲泣 聞經締會 謂之淸淨 從淸 淨中
비석미오고 체루비읍 문경체회 위지청정 종청 정중
流出般若波羅蜜多 深法 當知決定成就諸佛功德
유출반야바라밀다 심법 당지결정성취제불공덕

자성(自性)이 어리석지 않음을 혜안이라 하고 법을 듣고 스스로 깨닫는 것을 법안(法眼)이라 한다.

수보리는 아라한으로 오백제자 중에 공(空)의 도리를 아는데는 제일이며, 이미 일찍이 많은 부처님을 부지런히 섬기었으니, 어찌 이와 같은 깊은 법을 듣지 못하고 이제 석가모니부처님 처소에서 비로서 들었으리오. 그러나 혹시 수보리가 옛날에 얻은 것은 성문(聲聞)의 혜안(慧眼)이어서, 지금 비로서 이같은 깊은 경전을 듣고 바야흐로 부처님의 뜻을 깨달아, 옛날에 깨닫지 못한 것을 슬퍼한 고로 체루비읍했는가.

경(經)을 듣고 깊이 이해하는 것을 청정하다고 함이다. 청정(淸淨)한 가운데서 반야바라밀다의 깊은 법이 유출되니 마땅히 알라, 결정코 제불공덕을 성취할 것이다.

世尊 是實相者 卽是非相 是故 如來 說名實相
세존이시여, 이 실상이란 곧 이 상이 아님이니 이 까닭에 여래께서 실상이라고 말씀하셨습니다.

六祖 雖行淸淨行 若見垢淨二相 堂情並是垢心 卽非淸
육조　수행청정행 약견구정이상 당정병시구심 즉비청

淨心也 但心有所得 卽非實相
정심야 단심유소득 즉비실상

비록 청정한 행을 만약 구(垢)와 정(淨)의 두 가지 상(相)이 마음에 있으면 이것
은 아울러 때 묻은 마음이어서 곧 청정심(淸淨心)이 아닌 것이니, 다만 마음에 얻
은 바가 있으면 곧 실상(實相)이 아니니라.

世尊 我今得聞如是經典 信解受持 不足爲難 若當來世後
五百世 其有衆生 得聞是經 信解受持 是人 卽爲第一希有
何以故 此人 無我相 無人相 無衆生相 無壽者相 所以者
何 我相 卽是非相 人相衆生 相壽者相 卽是非相 何以故
離一切諸相 卽名諸佛

　세존이시여, 제가 지금 이와 같은 경전을 얻어 듣고 믿어 알고 받아 지니기는
족히 어렵지 않거니와 만약 오는 세상 후오백세에 그 어떤 중생이 이 경을 얻어
듣고서 믿어 알고 받아 지닌다면, 이 사람은 곧 제일 희유함이 되겠습니다.
　왜냐하면 이 사람은 아상이 없으며 인상이 없으며 중생상이 없으며 수자상
도 없기 때문입니다. 까닭이 무엇인가 하면 아상은 곧 이 상이 아니며 인상, 중
생상, 수자상도 곧 이 상이 아닙니다. 왜냐하면 일체 모든 상을 떠난 것을 이름
하여 모든 부처님이라 하기 때문입니다.

六祖 須菩提 深悟佛意 呈自見處 業盡垢除 慧眼 明徹
육조　수보리 심오불의 정자견처 업진구제 혜안 명철

信解受持 即無難也 世尊 在世說法之時 亦有無量衆生
신해수지 즉무난야 세존 재세설법지시 역유무량중생

不能信解受持 何必獨言後五百歲 蓋佛在之日 雖有下
불능신해수지 하필독언후오백세 개불재지일 수유하

根不信 及懷疑者 即王問佛 佛 即隨宜爲說 無佛契悟 佛
근불신 급회의자 즉왕문불 불 즉수의위설 무불계오 불

滅度後後五百歲 漸至末法 去聖遙遠 但存言敎 若人 有
멸도후후오백세 점지말법 거성요원 단존언교 약인 유

疑 無處諮決 愚迷抱執 不悟無生 著相馳求 輪廻諸有
의 무처자결 우미포집 불오무생 착상치구 윤회제유

於此時中 得聞心經 淸心敬信 悟無生理者 甚爲希有 故
어차시중 득문심경 청심경신 오무생리자 심위희유 고

言第一希有也 於如來滅後後五百歲 若有人 能於般若
언제일희유야 어여래멸후후오백세 약유인 능어반야

波羅蜜甚深經典 信解受持 即知此人 無我人衆生壽者
바라밀심심경전 신해수지 즉지차인 무아인중생수자

相 無此四相 是名實相 即是佛心 故 云離一切諸相 即
상 무차사상 시명실상 즉시불심 고 운리일체제상 즉

名諸佛也
명제불야

수보리가 깊이 부처님의 뜻을 깨달아 자기의 견처(見處)를 드러내니, 업(業)이 다하고 구(垢)가 없어져서 지혜의 눈이 밝게 트이면 신해수지(信解受持)에 어려움이 없느니라.

세존이 세상에 계시면서 설법할 때에도 무량한 중생이 능히 신해수지하지 못하였거늘 하필이면 유독 후오백세를 말했으리오.

대개 부처님이 계실 때에는 비록 하근기라서 믿지 않고 회의를 품은 사람이 있었더라도 곧 부처님께 가서 물으면 부처님께서 곧 마땅함을 따라서 그들을 위해 설하시어 깨닫지 못함이 없었거니와, 부처님이 멸도하신 후 후오백세엔 점점 말법에 이르니 성인에 가기가 더욱 멀어져서 말씀만 있으니, 만약 사람이 의심이 있으면 물어 해결할 곳이 없어서, 어리석고 미혹하여 집착을 안고서 무생(無生)의 이치를 깨닫지 못하고 상(相)에 집착하여 치구(馳求)해서 육도에 윤회하리니, 이때에 깊은 경을 얻어듣고 맑은 마음으로 공경하고 믿어서, 무생의 이치를 깨닫는 자는 심히 회유함이 되므로 제일 회유라고 하시니라.

여래께서 멸후 후오백세에 만약 어떤 사람이 능히 반야바라밀의 심히 깊은 경전을 신해수지하면, 곧 알라, 이 사람은 아, 인, 중생, 수자상이 없음이니 이 네 가지 상(相)이 없어지면 이것을 이름하여 실상(實相)이라 하고 이는 곧 불심(佛心)인 것이다. 그러므로 일체(一切)의 모든 상(相)을 여읜 것을 곧 이름하여 제불(諸佛)이라 하시니라.

冶父 舊竹 生新筍 新花 長舊枝 雨催行客路 風送片帆
야보　구죽　생신순　신화　장구지　우최행객로　풍송편범

歸 竹密 不妨 流水過 山高 豈礙白雲飛
귀　죽밀　불방　유수과　산고　개애백운비

오래된 대에서 새 죽순이 돋아나고 새 꽃은 옛 가지에서 자라도다.

비는 나그네 길을 재촉하고 바람은 조각배를 돌아가게 만든다.

대나무 빽빽해도 어찌 물 흐름을 방해하리.

산이 높다 한들 흰구름의 흐름을 어찌 막으리오.

불교에서는 신해행증(信解行證)의 네 가지 단계로써 깨달음에 이른다고 보는데, 그 첫째는 굳은 믿음(信)을 바탕으로

두 번째 부처님의 가르침을 이해(解)하고,

세 번째로 이해한 가르침을 삶속에서 실천하고 행(行)함으로써 네 번째로 결국 깨달음을 증득(證得)할 수 있다고 보는 것이다.

佛 告須菩提 如是如是
부처님께서 수보리에게 이르시되 "그렇다. 그렇다."

六祖 佛 印可須菩提 所解 善契我心 故 重言如是也
육조　불　인가수보리　소해　선계아심　고　중언여시야

부처님께서 수보리의 아는 것이 자신의 마음에 잘 계합함을 인정하시므로 거듭 "그렇고 그렇다" 하신 것이다.

若復有人 得聞是經 不驚不怖不畏 當知是人 甚爲希有

만약 또 어떤 사람이 이 경을 듣고 놀래지 않고 겁내지 않으며, 두려워하지도 않으면 마땅히 알라. 이 사람은 심히 희유함이 되느니라.

六祖 聲聞 久着法相 執有爲解(爲解 一作所解) 不了諸法 本空 一切 文字 皆是假立 忽聞深經 諸相不生 言下即佛 所以驚怖 唯是上根菩薩 得聞此理 歡喜受持 心無怖畏退轉 如此之流甚爲希有也

성문은 오랫동안 법상(法相)에 집착하여 유위(有爲)의 알음알이를 고집하고, 제법(諸法)이 본래 공(空)하여 일체 문자가 다 거짓으로 세운 것임을 요달하지 못하여, 홀연히 깊은 경전을 듣고 모든 상(相)이 나지 않으면 언하(言下)에 부처를 이루는 것이므로 이 까닭에 놀라고 겁내거니와, 오직 상근기의 보살은 이 이치를 얻어듣고서 기쁘게 수지하여 마음에 두려움과 물러남이 없음으로 이러한 무리는 심히 희유함이 되도다.

何以故 須菩提 如來 說第一波羅蜜 卽非第一波羅蜜 是名第一波羅蜜

무슨 까닭인가. 수보리야, 여래가 설한 제일 바라밀이 제일 바라밀이 아니고 그 이름이 제일 바라밀이니라.

六祖 口說心不行 卽非 口說心行 卽是 心有能所 卽非 心無能所 卽是
육조 구설심불행 즉비 구설심행 즉시 심유능소 즉비 심무능소 즉시

입으로 말하고 마음으로 행(行)하지 않으면 곧 그름이고, 입으로 말하고 마음으로 행(行)하면 곧 옳은 것이며, 마음에 능소(能所)가 있으면 곧 그름이고, 마음에 능소(상대적인 두가지 생각)가 없으면 곧 옳은 것이다.

須菩提 忍辱波羅蜜 如來 說非忍辱波羅蜜 是名 忍辱波羅蜜

何以故 須菩提 如我昔爲歌利王 割截身體 我於爾時 無我相 無人相 無衆生相 無壽者相

何以故 我於往昔節節支解時 若有我相人相衆生相壽者相 應生瞋恨

수보리야, 인욕바라밀도 여래가 설하되 인욕바라밀이 아니고 그 이름이 인욕바라밀이니라.

어찌한 까닭인가. 수보리야, 내가 옛적 가리왕에게 신체를 낱낱이 베일 때에 나는 그때에 아상이 없었고 인상이 없었으며 중생상도 없었고 수자상도 없었느니라.

왜냐하면 내가 옛적에 마디마디 사지를 베일 때에 만약 아상 인상 중생상 수자상이 있었으면 응당 성내고 원망함을 내었으리라.

六祖 見有辱境當情 即非 不見有辱境當情 即是 見有身
육조　　견유욕경당정　즉비　불견유욕경당정　즉시　견유신

相 當彼所害 即非 不見有身相 當彼所害 即是 如來 因
상　당피소해　즉비　불견유신상　당피소해　즉시　여래　인

中在初地時 曾爲忍辱仙人 被歌利王 割截身體 無一
중재초지시　증위인욕선인　피가리왕　할절신체　무일

念痛惱之心 若有痛惱之心 即生瞋 恨 歌利王 是梵語
념통뇌지심　약유통뇌지심　즉생진　한　가리왕　시범어

此云無道極惡君也 一說 如來 因中 曾爲國王 嘗行十善
차운무도극악군야　일설　여래　인중　증위국왕　상행십선

利益蒼生 國人 歌稱此王 故云歌利王 求 無上菩提 修
리익창생　국인　가칭차왕　고운가리왕　구　무상보리　수

忍辱行 余時 天帝釋 化作旃陀羅 乞王身肉王 即割施
인욕행　여시　천재석　화작전다라　걸왕신육왕　즉할시

殊無瞋惱 今存二說 於理 俱通
수무진뇌　금존이설　어리　구통

욕경(辱境, 참는 경계)이 마음에 있음을 보면 곧 그릇된 것이고 욕경이 마음에 있음을 보지 못하면 곧 옳은 것이다. 신상(身相)이 해치는 것을 당함이 있음을 보면 곧 그른 것이고, 몸모양이 해치는 것을 당함을 볼 수 없으면 곧 옳은 것이다.

여래께서 인행시 초지(初地)에 있을 때에 일찍이 인욕선인이 되어 가리왕에게 신체가 할절될 때 한 생각도 아파하거나 괴롭다는 생각이 없으셨으니, 만약 아프고 괴로움이 마음에 있으면 곧 진한(瞋恨)을 내었으리라.

가리왕은 범어인데 극악무도한 임금이라 한다.

일설에 여래께서 인중(人中, 前世)에 일찍이 국왕이 되어서 십선(十善)을 행하여 창생(蒼生)을 이익케 하시니 국민이 이 왕을 노래로써 칭하기를 가리왕이라 불렀다. 왕(王)이 무상보리를 구(求)하여 인욕행을 닦으니 이때에 제석천이 전다라(백정)로 변하여 왕의 신육(身肉)을 구걸하므로 왕이 곧 베어서 베풀면서 조금도 성내거나 괴로워하지 않았다 하니 지금의 두 가지 설이 있음은 이치에 있어서 모두 다 통하느니라.

須菩提 又念過去於五百世 作忍辱仙人 於爾所世 無我相 無人相 無衆生相 無壽者相

수보리야, 또 과거 오백세 동안에 인욕선인이었던 일을 생각하니 그때의 세상에서도 아상이 없었으며 인상도 없었고 중생상도 없었으며 수자상도 없었느니라.

六祖 世者 生也 如來 因中 於五百生 修行忍辱波羅蜜
육조　세자　생야　여래　인중　어오백생　수행인욕바라밀

以得四相不生 如來 自述往因者 欲令一切修行人 成就
이득사상불생 여래 자술왕인자 욕령일체수행인 성취

忍辱波羅蜜 行忍辱波羅蜜人 旣行忍辱行 先須不見一
인욕바라밀 행인욕바라밀인 기행인욕행 선수불견일

切人過惡 冤親平等 無是無非 被他 打罵殘害 歡喜受
체인과악 원친평등 무시무비 피타 타매잔해 환희수

之 倍加恭敬 行如是行者 卽能成就 忍辱波羅蜜
지 배가공경 행여시행자 즉능성취 인욕바라밀

세(世)란 생(生)이다(오백세→오백생). 여래가 인중(因中, 전생)의 오백생에 인욕바라밀을 수행하사 이로써 사상(四相)이 일어나지 않음을 얻으셨도다. 여래가 스스로 과거의 원인을 술회한 것은 일체의 수행인으로 하여금 인욕바라밀을 성취케 함이니라. 인욕바라밀을 행하는 사람이 이미 인욕행을 하고자 하면 먼저 모름지기 일체인의 과오를 보지 않고, 원수나 친한 이나 평등히 하며, 옳고 그름도 없이 하여, 다른 사람이 때리거나 꾸짖거나 해칠지라도 환희로써 그것을 받아들여서 더욱 더 그를 공경할지니, 이같은 행을 행하는 자는 곧 능히 인욕바라밀을 성취함이니라.

是故 須菩提 菩薩 應離一切相 發阿耨多羅三藐三菩提
心 不應住色生心 不應住聲香味觸法生心 應生無所住心
그러므로 수보리야, 보살은 응당 일체상을 떠나서 아뇩다라삼먁삼보리심을 낼지니 응당 색에 머물러서 마음을 내지 말며, 응당 성, 향, 미, 촉, 법에 머물러서도 마음을 내지 말고 응당 머문 바 없는 그 마음을 낼지니라.

六祖 不應住色生心者 是都標也 聲香等 別列其名也 於
육조 불응주색생심자 시도표야 성향등 별열기명야 어

此六塵 起憎愛心 由此 妄心 積集 無量業結 覆蓋佛性
차육진 기증애심 유차 망심 적집 무량업결 복개불성

雖種種勤苦修行 不除心垢 終無解脫之理 推其根本
수종종권고수행 부제심구 종무해 탈지리 추기근본

都有色上住心 如能念念常行 般若波羅蜜 推諸法空 不
도유색상주심 여능념념상행 반야바라밀 추제법공 불

生計著 念念常自精進 一心守護 無令放逸 淨名經 云求
생계착 염념상자정진 일심수호 무령방일 정명경 운구

一切智 無非時求 大般若經 云菩薩摩訶薩 晝夜精進 常
일체지 무비시구 대반야경 운보살마하살 주야정진 상

住般若波羅蜜多 相應作意 無時暫捨
주반야바라밀다 상응작의 무시잠사

마땅히 색에 머물러 마음을 내지 않는다는 것은 통 털어 표한 것이고, 성향(聲香)등은 따로 그 이름을 열거한 것이다. 이 육진(六塵)에서 증애(憎愛)의 마음을 일으키면 이로 말미암아 망심(妄心)이 쌓여서 한량없는 업(業)을 짓게 되어 불성(佛性)을 덮나니, 비록 가지가지로 힘든 수행(修行)을 할지라도 마음의 때를 없애지 못하면 마침내 해탈의 이치가 없느니라. 마음이 보리, 열반에 머문다 해도 머문다는 것은 때(垢)와 같은 것이다.

그 근본을 추구하건대 모두 색(色)위에 마음이 머무는 까닭이니 만약 능히 순간순간에 항상 반야바라밀(般若波羅蜜)을 행(行)하면 모든 법(法)이 공(空)함을 미루어 알아서 계교와 집착을 내지 않으며, 생각 생각에 항상 스스로 정진하고 일심(一心)으로 수호하여 이로 하여금 방일함이 없게 할 것이니라.

정명경(淨明經)에 이르되 일체지(一切智)를 구하려면 어느 때나 다 구(求)해야 하며, 대반야경에 이르되, 보살마하살이 주야로 정진(精進)하되 항상 반야바라밀다에 주하여 서로 응하게 뜻을 지어서 때마다 잠시도 버림이 없게 하라 하셨다.

說誼 旣悟自心 與佛無殊 更能塵塵無著 念念無生 是眞
설의 기오자심 여불무수 갱능진진무착 염념무생 시진

發心 名眞菩薩 由是 凡有發心者 要應離相也 此 正勸
발심 명진보살 유시 범유발심자 요응리상야 차 정권

離相發心也 又離相發心者 是非人我 俱是虛妄 悉應遠
이상발심야 우리상발심자 시비인아 구시허망 실응원

離 但發無上菩提之心也 然 所謂離相 但了相虛妄 能所
리 단발무상보리지심야 연 소위리상 단료상허망 능소

不生 卽名爲離 非別有相爲可離也
불생 즉명위리 비별유상위가리야

이미 자기 마음이 부처와 다름 없음을 깨달았으면, 다시 능히 사물에 집착하지 않고 생각 생각이 일어나지 않아야 이것에 참으로 발심한 것이며 참다운 보살이라고 하느니라. 이로 말미암아 무릇 발심한 사람은 요컨대 응당히 상(相)을 떠나야 함이니, 이는 바로 상(相)을 떠나서 발심해야 함을 권한 것이니라.

또 상을 떠나서 발심한다는 것은 시(是), 비(非), 인(人), 아(我)가 다 허망한 것이어서 다 멀리 떠나고 다만 무상보리심(無上菩提心)만 발할 뿐이니라.

그러나 다만 상 떠난다는 것은, 다만 상(相)이 허망한 줄을 요달하여서 능(能)과 소(所)라는 생각을 일으키지 않는 것이 바로 상을 떠난 것이지, 따로 상이 있어서 가히 떠나야 될 상이 있는 것은 아니다. (근본적으로 상(相)의 공(空)한 이치를 깨달으면 떠나야 할 상(相)은 없는 것이다)

說誼 既云離相發心 心與相 相去多少 沖虛妙粹 廣大靈
설의 기운리상발심 심여상 상거다소 충허묘수 광대영

明 離諸幻妄 名之爲心 然 相非外來 全是自心起用
명 이제환망 명지위심 연 상비외래 전시자심기용

伊麽則此心 卽此用 離此用 若 道卽 此用 爭奈絶相離
이마즉차심 즉차용 이차용 약 도즉 차용 쟁나절상이

名 若道離此用 爭奈不礙諸相 畢竟作麽生道 若人 識
명 약도리차용 쟁나불애제상 필경작마생도 약인 식

得心 大地 寸土 所以 道 於一毛端 現寶王刹 坐微塵裏
득심 대지 촌토 소이 도 어일모단 현보왕찰 좌미진이

轉大法輪
전대법륜

이미 상 떠난 발심이라 말하면 마음과 상(相)이 서로의 거리가 얼마인가. 텅 비어 묘하게 순수하고 크고 신령스럽게 밝아서 모든 환(幻)과 망(妄)을 여의는 것을 이름하여 마음이라 함이요, 일용(日用)의 시(是) 비(非) 인(人) 아(我)와 현전(現前)의 색 향 미 촉이 다 허망한 것을 이름하여 상(相)이라 하느니라. 그러나 이 상(相)이란 밖에서 온 것이 아니고 모두 자기 마음에서 일어난 작용이니 이러한 즉 이 마음이 이 용(用)에 즉(卽)한 것인가, 이 용(用)을 떠난 것인가. 만약 이 용에 즉했다면 어찌 상을 끊고 이름을 떠날 수 있으며, 만약 이 용을 떠났다면 어찌 모든 상에 걸리지 않으리오.

필경 어떻게 말할 것인가.

만약 사람이 마음을 알아 얻으면

대지(大地)에 촌토(寸土)도 없으리라(모두 마음으로만 보인다).

그러므로 이르되

한 터럭 끝에 보왕찰(寶王刹; 불찰(佛刹))이 나타나고

미진 속에 앉아서 대법륜(大法輪)을 굴린다 하시니라.

若心有住 卽爲非住
만약 마음에 머뭄이 있으면 곧 머뭄 아님이 되느니라.

六祖 若心住涅槃 非是菩薩住處 不住涅槃 不住諸法 一
육조　약심주열반　비시보살주처　부주열반　부주제법　일
切處不住 方是菩薩 住處 上文 說應無所住 而生其心者
체처부주　방시보살　주처　상문　설응무소주　이생기심자

是也
시야

만약 마음이 열반에 머무르면 이는 보살이 주할 곳이 아닌 것이라. 열반에도 주하지 않고, 제법에도 주하지 않으며 일체처에도 주하지 않아야 바야흐로 보살의 주처인 것이니, 위에서 설한 '응당히 머문 바 없이 그 마음을 낸다.'는 것이 이것이니라.

是故 佛說菩薩 心不應住色布施

그러므로 부처님이 말하기를 "보살은 마땅히 마음을 색에 머물지 말고 보시하라." 하느니라.

六祖 菩薩 不爲自身 五欲快樂 而行布施 但爲內破慳
육조 보살 불위자신 오욕쾌락 이행포시 단위내파간

心 外利益 一切衆生 而行布施
심 외이익 일체중생 이행보시

보살은 자신의 오욕쾌락을 위해서 보시를 행하지 않고, 다만 안으로 아끼는 마음을 깨트리며 밖으로는 온갖 중생을 이익되게 하기 위하여 보시를 행하느니라.

須菩提 菩薩 爲利益一切衆生 應如是布施

수보리야, 보살은 일체중생을 이익하기 위하여 응당 이와 같이 보시하느니

六祖 菩薩者 行法財等施 利益無彊 若作能利益心 卽是
육조　보살자 행법재등시 이익무강 약작능이익심 즉시
非法 不作能 利益心 是名無住 無住 卽是佛心也
비법 불작능 이익심 시명무주 무주 즉시불심야

　보살이란 법(法)과 재물 등을 똑같이 베풀어서 이익을 끝없게 하는 것이니, 만약 능히 이익케 한다는 생각을 내면 곧 법이 아님이요, 능히 이익케 한다는 마음을 내지 않으면 이것을 무주(無住)라 하니, 이 무주(無住)가 곧 불심(佛心)이니라.

說誼 識浪 內湧則境風 作而常動 智水 內凝則風塵 息
설의　식랑 내용즉경풍 작이상동 지수 내응즉풍진 식
而常靜 靜無靜相 眞明自照 是謂無住生心 是眞菩薩住
이상정 정무정상 진명자조 시위무주생심 시진보살주
處 由是 發心之者 凡於應用之際 但當無念而應 不應著
처 유시 발심지자 범어응용지제 단당무념이응 불응착
意攀緣 著意墮魔坑 非眞菩薩住處也 所以然者 菩薩發
의반연 착의타마갱 비진보살주처야 소이연자 보살발
心 只爲益生 自若有住 豈能令無住 所謂有諸己然
심 지위익생 자약유주 개능령무주 소위유제기연
後 求諸人 無諸己然後 非諸人 是也 所謂無念無住 正
후 구제인 무제기연후 비제인 시야 소위무념무주 정

似秋天野水 森羅自顯 豈同 寒灰枯木 一於忘懷者哉
사추천야수 삼라자현 개동 한회고목 일어망회자재

忘懷 沈鬼窟 亦非菩薩住處也 若眞住處 不依 有住而住
망회 침귀굴 역비보살주처야 약진주처 불의 유주이주

不依無住而住 亦不依中道而住 如是而住也
불의무주이주 역불의중도이주 여시이주야

　　식(識)의 물결이 안으로 용솟음치면 경계의 바람이 일어나서 항상 움직임이요,(마음속에서 망상과 번뇌가 일면 모든 경계도 바로 시끄러워지는 것이다) 지혜(智慧)의 물결이 안으로 엉키면 풍진(육진경계)이 쉬게 되어 항상 고요할 것이요,

　　고요하되 고요하다는 상(相)이 없어야 참답고 밝은 것이 스스로 비추는 것이니, 이것을 주하는 바 없이 마음을 낸다고 이르는 것이라.

　　이것이 참된 보살이 머물 곳이니라. 이로 말미암아 발심(發心)한 사람은 무릇 응용할 때에 마땅히 무념(집착없이)으로써 응하고, 응당 뜻에 집착하여 반연하지 말 것이니, 뜻에 집착하면 마구니의 구덩이에 떨어지게 되어 참다운 보살이 머물 곳이 못되느니라.

　　그렇게 된 까닭은 보살의 발심은 다만 중생을 이익케 하기 위한 것이니 만약 스스로 주함이 있으면 어찌 다른 이로 하여금 주하지 않게 할 수 있겠는가. 이른 바 자기에게 있은 연후에 남에게도 있기를 구할 것이며, 자기에게 허물이 없는 연후에 남을 그르다 하는 것이 이것이니라.

　　이른 바, 무념, 무주라는 것은 가을하늘과 맑은 물 위에 삼라만상이 저절로 드러남과 같으니, 싸늘한 재와 고목처럼 한결같이 생각만 잊는 것과 어찌 같겠는가.

생각을 잊는 것은 귀신 굴속에 잠기는 것이어서 또한 보살의 주처(住處)가 아님이니 만약 참다운 주처라면 유주(有住)를 의지해서 주(住)하지도 말고 무주(無住)를 의지하여 주하지도 말며, 또한 중도(中道)를 의지하여 주하지도 않아야, 이와 같이 주하는 것이니라.

청운 說

육조단경의 무념무상무주

善知識 我此法門 從上以來 先立無念爲宗 無相爲體 無
선지식 아차법문 종상이래 선립무념위종 무상위체 무

住爲本 無相者 於相而離相 無念者 於念而無念 無住者
주위본 무상자 어상이리상 무념자 어념이무념 무주자

人之本性 於世間善惡好醜 乃至 冤之與親 言語觸刺
인지본성 어세간선악호추 내지 원지여친 언어촉자

欺爭之時 並將爲空 不思酬害 念念之中 不思前境 若
기쟁지시 병장위공 불사수해 염념지중 부사전경 약

前 念今念後念 念念相續不斷 名爲繫縛 於諸法上 念念
전 념금념후념 염념상속부단 명위계박 어제법상 염념

不住 即無縛也. 此是以無住 爲本 善知識 外離一切相
부주 즉무박야. 차시이무주 위본 선지식 외리일체상

名爲無相 能離於相 即法體淸淨 此是以無相爲體 善知
명위무상 능리어상 즉법체청정 차시이무상위체 선지

識 於諸境上 心不染曰無念 於自念上 常離諸境 不於
식 어제경상 심불염왈무념 어자념상 상리제경 불어

境上 生心 若只百物 不思 念盡除却 一念絕 卽死 別處
경상 생심 약지백물 부사 념진제각 일념절 즉사 별처

受生 是爲大錯 學道者 思之 若不識法意 自錯猶可 更
수생 시위대착 학도자 사지 약불식법의 자착유가 갱

勸他人 自迷不見 又謗佛經 所以 立無念爲宗 善知識
권타인 자미불견 우방불경 소이 립무념위종 선지식

云何立無念爲宗 只緣口說見性 迷人 於境上 有念 念上
운하립무념위종 지연구설견성 미인 어경상 유념 념상

便起邪見 一切塵勞妄想 從此而生 自性 本無一法可得
변기사견 일체진로망상 종차이생 자성 본무일법가득

若有所得 妄說禍福 卽是塵勞邪見 故此法門 立無念爲
약유소득 망설화복 즉시진로사견 고차법문 입무념위

宗 善知識 無者 無何事 念者 念何物 無者無二相 無諸
종 선지식 무자 무하사 념자 념하물 무자무이상 무제

塵勞之心 念者 念眞如本性 眞如 卽是念之體 念卽是
진로지심 념자 념진여본성 진여 즉시념지체 념즉시

眞如之用 眞如自性 起念 非眼耳鼻舌 能念 眞如有性
진여지용 진여자성 기념 비안이비설 능념 진여유성

所以起念 眞如若無 眼耳色聲 當時卽壞 善知識 眞如
소이기념 진여약무 안이색성 당시즉괴 선지식 진여

自性 起念 六根雖有見 聞覺知 不染萬境 而眞性 常自
자성 기념 육근수유견 문각지 불염만경 이진성 상자
在故云 能善分別諸法上 於第一義 而不動
재고운 능선분별제법상 어제일의 이부동

선지식이여 나의 이 법문은 위로부터 내려오면서 먼저 무념(無念)으로 종을 삼고 무상(無相)으로 체를 삼으며 무주(無住)로 근본을 삼는다. 무상이란 현상계에 있으면서 현상계를 떠나는 것이요, 무념이란 생각하면서 생각이 없음이요, 무주란 사람의 본성이 세간의 선과 악과 깨끗함과 더러움과 미워하는 이나 가까운 이나, 말을 주고 받고 공격하고 속이고 다툴 때에도 공한 것으로 여겨서 원수 갚을 생각, 해칠 생각을 내지 아니하여 생각 생각에 지나간 일을 생각지 않는 것이다. 만약 앞생각과 뒷생각이 잇달아서 끊어지지 않으면 그것은 얽매임이다. 모든 법에 생각 생각에 머물지 않으면 곧 얽매임이 없는 것이다.

선지식이여 밖으로 모든 상을 떠나면 무상이라 이름하니 능히 모습을 떠나면 곧 법체가 청정해 진다. 이것이 무상으로써 체를 삼는 것이다. 선지식이여, 모든 경계 위에 마음이 물들지 않는 것을 무념이라 한다. 스스로 생각 생각에 항상 모든 경계를 떠나서 경계 위에 마음을 내지 않는다. 그런데 만약 백가지 일을 생각하지 않는다고 하여 생각을 다 없애려고만 한다면 한 생각이 끊어질 때 곧 죽는 것이어서 다른 곳에 받아 날 것이니 이것은 큰 그르침이 된다.

도를 배우는 자는 마땅히 생각하라. 만약 법의 뜻을 알지 못하면 자신을 그르침은 말할 나위도 없고 다른 사람까지도 어리석어 보지 못하게 하며 불경을 비방하는 것이 되리라. 그러므로 무념을 세워 종을 삼는 것이다.

선지식이여, 무(無)란 어떤 일이 없다는 말이요, 념(念)이란 무엇을 생각한다는 것일까. 무란 두 가지의 모습이 없다는 뜻인데 모든 번뇌의 마음이 없음이다. 념이란 진여본성을 생각하는 것으로서, 진여는 이 생각의 체며, 생각은 곧 이 진여의 작용이다. 진여자성이 생각을 일으키는 것이고, 눈·귀·코·입이 생각하는 것이 아니니, 진여가 성품이 있으므로 생각을 일으키는 것이요, 만약 진여가 없다면 눈·귀·모습·소리가 곧 없어질 것이다.

선지식이여, 진여자성이 생각을 일으키기 때문에 육근이 비록 보고 듣고 깨달아 아는 것이 있다 해도 모든 경계에 물들지 않는 것이다. 참된 성품이 자재함이니 그러므로 말씀하시기를 '모든 법상을 능히 잘 분별하되 그 으뜸가는 뜻은 움직임이 있는 것이다' 라고 하신 것이다.

如來 說 一切諸相 卽是非相 又說一切衆生 卽非衆生
여래가 설한 일체의 모든 상은 곧 이 상이 아니며 또한 일체의 중생이라고 설함도 곧 중생이 아니니라.

六祖 如者 不生 來者 不滅 不生者 我人不生 不滅者 覺
육조 여자 불생 래자 불멸 불생자 아인불생 불멸자 각
照不滅 下文 云 如來者 無所從來 亦無所去 故名如來
조불멸 하문 운 여래자 무소종래 역무소거 고명여래
如來 說我人等四相 畢竟可破壞 非眞覺體也 一切衆生
여래 설아인등사상 필경가파괴 비진각체야 일체중생

161

盡是假名 若離妄心 卽無衆生可得 故 言卽非衆生也
진시가명 약리망심 즉무중생가득 고 언즉비중생야

여(如)란 불생(不生)이요 래(來)란 불멸(不滅)이니 불생(不生)이란 아상 인상을 내지 않음이요, 불멸(不滅)이란 깨달아 비춤이 멸하지 않음이니라. 하문(下文)에 이르되 여래(如來)란 좇아 온 바도 없으며, 또한 가는 바도 없으므로 여래(如來)라 하시니, 여래(如來)가 설하신 아(我)인(人) 등 사상(四相)은 필경 가히 무너질 것이라서 참된 각(覺)의 체(體)가 아님이요, 일체중생은 모두 다 거짓이름이어서 만약 망심만 떠나면 곧 중생은 가히 얻을 것이 없으므로 곧 중생이 아니라고 말씀하시니라.

須菩提 如來 是眞語者 實語者 如語者 不語者 不異語者
수보리야 여래는 참다운 말을 하는 자며, 실다운 말을 하는 자며, 사실과 같이 말하는 자며, 거짓이 아닌 말을 하는 자며, 다른 말을 하지 않는 자니라.

六祖 眞語者 說一切有情無情 皆有佛性 實語者 說衆生
육조 진어자 설일체유정무정 개유불성 실어자 설중생
造惡業 定受苦報 如語者 說衆生 修善法 定修樂報
조악업 정수고보 여어자 설중생 수선법 정수락보
不誑語者 說般若波羅蜜法 出生三世諸佛 決定不虛 不
불광어자 설반야바라밀법 출생삼세제불 결정불허 불
異語者 如來所有言說 初善中善後善 旨意微妙 一切天
이어자 여래소유언설 초선중선후선 지의미묘 일체천

魔外道 無有能超勝 及破壞佛語者也
마외도 무유능초승 급파괴불어자야

　진어(眞語)란 일체 유정(有情) 무정(無情)이 모두 불성이 있음을 설한 것이요, 실어(實語)란 중생이 악업을 지으면 결정코 고(苦)의 보(報)를 받는 것이요, 여어(如語)란 중생이 선법을 닦으면 결정코 락(樂)의 보(報)를 받음이요, 불광어(不誑語)란 반야바라밀법이 삼세제불을 출생하되 결정코 헛되지 않음이니라. 불이어(不異語)란 여래가 하신 언설(言說)이 처음도 좋고 중간도 좋고 결론도 좋음을 설하시니, 뜻이 미묘하여 일체의 천마외도들이 능히 초월할 수 없고 부처님의 말씀을 파괴할 수 없음이니라.

　須菩提 如來所得法 此法 無實無虛
　수보리야 여래가 얻은 바 법이 니 법은 실다움도 없고 헛됨도 없느니라.

六祖 無實者 以法體空寂 無相可得 然 中有恒沙性德
육조 무실자 이법체공적 무상가득 연 중유항사성덕

用之不間 故言無虛 欲言其實 無相可得 欲言其虛 用而
용지불궤 고언무허 욕언기실 무상가득 욕언기허 용이

無間 是故 不得言有 不得言無 有而不有 無而不無 言
무간 시고 부득언유 부득언무 유이불유 무이불무 언

辭不及者其唯眞智乎 若不離相修行 無由臻此也
사불급자기유진지호 약불리상수행 무유진차야

무실(無實)이란 법(法)의 체(體)가 공적(空寂)해서 상(相)을 가히 얻을 수 없도다. 그러나 그 가운데는 항하사 같은 성덕(性德)을 갖추고 있어서 그것은 써도 다하지 못한 까닭에 무허(無虛)라고 말했도다.

그 실(實)을 말하고자 하면 상(相)은 가히 얻지 못하고 그 허(虛)를 말하고자 하면 쓰되 끊어질 사이가 없느니라. 그러므로 유(有)라고 말하지 못하며 무(無)라고도 말하지 못하니, 있으되 있음이 아니고, 없으되 없음이 아님이라. 언사(言辭)로써 미치지 못하는 것은 오직 그 참다운 지혜인저! 만약 상을 떠나서 수행하지 않으면 여기에 이를 수가 없느니라.

須菩提 若菩薩 心住於法 而行布施 如人 入闇 卽無所見
若菩薩 心不住法 而行布施 如人 有目 日光明照 見種種色

수보리야, 만약 보살이 마음을 법에 머물러서 보시하면 마치 사람이 어두운 곳에 들어가매 아무것도 보이는 바가 없는 것과 같고, 만약 보살이 마음을 법에 머물지 않고 보시하면 마치 사람이 눈도 있고 햇빛도 밝게 비쳐서 여러 가지 사물을 보는 것과 같느니라.

六祖 於一切法 心有住著 則不了三輪體空 如盲處暗
육조　어일체법　심유주착　즉불료삼륜체공　여맹처암

無所曉了 華嚴經 云聲聞 在如來會中 聞法 如盲如聾
무소효료　화엄경　운성문　재여래회중　문법　여맹여농

爲住法相故 若菩薩 常行般若波羅蜜多 無著無相行 如
위주법상고　약보살　상행반야바라밀다　무착무상행　여

人 有目 處於皎 日之中 何所不見也
인 유목 처어교 일지중 하소불견야

   일체법에 마음이 머물고 집착하면 곧 삼륜(三輪)의 체(體; 주는 자, 받는 자, 물건)가 공(空)함을 요달하지 못한 것이 마치 눈먼 자가 어두운 곳에 처함과 같아서 밝게 아는 바가 없느니라. 화엄경에 이르되 성문(聲聞)들은 여래회중(如來會中)에서 법을 들으면 맹인과 같고 귀머거리와 같이 되는 것은 법상(法相)에 주하였기 때문이거니와, 만약 보살이 항상 반야바라밀다의 무착무상행을 행하면 사람이 눈이 있고 밝은 햇빛 속에 처함과 같으니 무엇인들 보지 못하리오.

  須菩提 當來之世 若有善男子善女人 能於此經 受持讀誦 卽爲如來 以佛智慧 悉知是人 悉見是人 皆得成就無量無邊功德
   수보리야, 오는 세상에서 만약 어떤 선남자 선여인이 능히 이 경을 받아지니고 읽고 외우면, 여래가 부처의 지혜로써 이 사람을 다 알며 이 사람을 다 보아서 모두가 한량없고 끝없는 공덕을 성취하게 되리라.

六祖 當來之世 如來滅後後五百歲濁惡之時 邪法 競起
육조   당래지세 여래멸후후오백세탁악지시 사법 경기
正法 難行 於此 時中 若有善男子善女人 得遇此經 從
정법 난행 어차 시중 약유선남자선여인 득우차경 종

師稟受 讀誦在心 專精不忘 依義修行 悟入佛之知見 則
사품수 독송재심 전정불망 의의수행 오입불지지견 즉

能成就阿耨多羅三藐三菩提 以是 三世諸佛 無不知之
능성취아뇩다라삼먁삼보리 이시 삼세제불 무부지지

당래지세(當來之世)는 여래가 멸하신 후 제오(第五) 오백년의 혼탁하고 악한 때
이니 삿된 법이 일어나서 정법(正法)을 행하기 어려운 때로다.

　이런 때에 만약 선남자 선여인이 이 경을 얻어서 스승으로부터 전해 받고 독
송하여 마음에 두고 오로지 정진해서 잊지 않으며 뜻에 의지하여 수행해서 부
처님의 지견에 깨달아 들어가면 곧 능히 아뇩다라삼먁삼보리를 성취하리니, 그
러므로 삼세제불이 그들을 다 아시느니라. 실지시인 실견시인(悉知是人, 悉見是人)

說誼 前明無住所以 此喩明無住 法本無實 不應住於有
설의 　전명무주소이 차유명무주 법본무실 불응주어유

法本無虛 不應住於無 住於有則違於空寂之本體 住於
법본무허 불응주어무 주어유즉위어공적지본체 주어

無則違彼靈明之本用 旣與本體本用 相違則性上萬德
무즉위피령명지본용 기여본체본용 상위즉성상만덕

無由顯發 如人 入暗 卽無所見 是可謂盲者 不知光所
무유현발 여인 입암 즉무소견 시가위맹자 부지광소

在 低頭冷坐暗思量 不住有則契乎本體 不住無 則契乎
재 저두냉좌암사량 부주유즉계호본체 부주무 즉계호

本用 既與本體本用 相契則性上萬德 當處現前 如人 有
본용 기여본체본용 상계즉성상만덕 당처현전 여인 유

目 當陽見色 是可謂決散浮雲孤月上 大千沙界一時明
목 당양견색 시가위결산부운고월상 대천사계일시명

앞에서는 무주(無住)한 까닭을 밝히시고 여기서는 비유로 무주(無住)를 밝히시니 법(法)은 본래 실다움이 없음이다. 응당 유(有)에도 주하지 말 것이며, 법은 본래 헛되지 않아서 응당 무(無)에도 주하지 말것이니라.

유(有)에 머문 즉 저 공적(空寂)한 본체(本體)를 어기게 되고, 무(無)에 머문 즉 저 영명(靈明)한 본용(本用; 본래작용)을 어기는 것이니, 이미 본체 본용과 더불어 서로 어긋난 즉 성품 위에 만덕(萬德)이 나타날 수 없으리니, 마치 어떤 사람이 어두운 곳에 들어가 아무 것도 못 봄과 같음이다. 이것은 가히 눈먼 자가 빛있는 곳을 알지 못하여 머리를 떨구고 냉랭히 앉아서 그윽히 사량함을 말하는 것이다. 유(有)에 주(住)하지 않은 즉 본용(本用)에 계합한 즉 성품(性品)위에 만덕이 그 자리에서 앞에 드러날 것이니라. 이는 마치 사람이 눈이 있어서 햇빛에서 사물을 보는 것과 같음이다. 이것은 가히 뜬 구름을 다 흩날리고 둥근 달만이 떠오르니 대천사계(大千沙界)가 일시에 밝아짐을 말하는 것이다.

第十五 持經功德分 (경을 가지는 공덕)

須菩提 若有善男子善女人 初日分 以恒河沙等身布施 中日分 復以恒河沙等身 布施 後日分 亦以恒河沙等身 布施 如是無量百千萬億劫 以身布施 若復有人 聞此經典 信心不逆 其福 勝彼 何況書寫受持讀誦 爲人解說

수보리야, 만약 어떤 선남자 선여인이 아침에 항하의 모래수와 같은 몸으로 보시하고, 낮에 다시 항하의 모래수와 같은 몸으로 보시하며, 다시 저녁에도 또한 항하의 모래수와 같은 몸으로써 보시하여 이와 같이 무량한 백 천 만 억 겁 동안을 몸으로써 보시하더라도, 만약 어떤 사람이 이 경전을 듣고 믿는 마음이 거슬리지 않으면 그 복이 저 몸을 보시한 복보다 수승하리니, 어찌 하물며 경을 받아 지니며 읽고 외워서 남을 위해 해설해 줌이겠는가.

六祖 佛說末法之時 得聞此經 信心不亦 四相 不生 卽
육조　불설말법지시　득문차경　신심불역　사상　불생　즉

是佛之知見 此人功德 勝前多劫捨身功德百千萬億 不
시불지지견　차인공덕　승전다겁사신공덕백천만억　불

可譬喩 一念聞經 其福尙多 何況更能書寫受持讀誦 爲
가비유　일념문경　기복상다　하황경능서사수지독송　위

人解說 當知此人 決定成就阿耨多羅三藐三菩提 所以
인해설　당지차인　결정성취아뇩다라삼막삼보제　소이

種種方便 爲說如是甚深經典 俾離諸相 得阿耨多羅三
종종방편 위설여시심심경전 비리제상 득아뇩다라삼

藐三菩提 所得功德 無有邊際 蓋緣多劫捨身 不了諸相
먁삼보리 소득공덕 무유변제 개연다겁사신 불료제상

本空 有能捨所捨心在 元未離衆生之見 如能聞經悟道
본공 유능사소사심재 원미리중생지견 여능문경오도

我人頓進 言下即佛 將彼捨身有漏之福 比持經無漏之
아인돈진 언하즉불 장피사신유루지복 비지경무루지

慧 實不可及 雖十方聚寶 三世捨身 不如持經四句之偈也
혜 실불가급 수시방취보 삼세사신 불여지경사구지게야

부처님께서 설(說)하시되 말법시대에 이 경(經)을 얻어 듣고 믿는 마음이 거슬리지 않으면 사상(四相)이 나지 않으리니, 이는 곧 부처님의 지견(知見)이로다. 이 사람의 공덕은 앞의 다겁토록 몸을 보시한 공덕보다 백천만억배나 수승해서 가히 비유할 수 없으니, 한순간 경(經)을 들어도 그 복이 오히려 많은데 하물며 다시 능히 사경하고 수지하고 독송하여 다른 사람에게 해설해 줌이라.

마땅히 알라, 이 사람은 결정코 아뇩다라삼먁삼보리를 성취하리라. 이 까닭에 가지가지 방편으로 이와 같이 심히 깊은 경전을 설하여 모든 상(相)을 떠나서 아뇩다라삼먁삼보리를 얻게 하시니, 얻을 바의 공덕이 그지 없으리라. 대개 다겁(多劫)토록 몸을 버려 보시하여도 모든 상(相)이 본래 공함을 깨닫지 못하면 능사(能捨, 능히 버리는 것)와 소사(所捨, 버릴것)가 마음에 있는 것이므로 원래 중생의 견해를 떠나지 못한 것이지만, 능히 경을 듣고 도를 깨달아 아상과 인상이 단번에 없어지면 언하(言下)에 부처인 것이다. 저 목숨을 보시한 유루의 복을 가지고서 경을 가진 무루의 혜(慧)에 비교한다면 실로 가히 미칠 수 없으니, 비록 시방세계의 무더기 보배와 삼세토록 몸을 보시함이라도 경(經)의 사구게(四句偈)를 가지는 것만 같지 못함이니라.

須菩提 以要言之 是經 有不可思議不可稱量無邊功德
수보리야, 요약해서 말할진대 이 경은 생각할 수 없고 말할 수도 없는 끝없는 공덕이 있느니라.

六祖 持經之人 心無我所 無我所故 卽是佛心 佛心功德
육조 지경지인 심무아소 무아소고 즉시불심 불심공덕

無有邊際 故 言不 可稱量也
무유변제 고 언불 가칭량야

경(經)을 지니는 사람은 아소(我所, 내것이라는 것)가 없어야 하니 아소가 없는 고로 이는 곧 부처의 마음이다.
불심공덕이 끝이 없는 고로 칭량할 수 없다고 한 것이다.

如來 爲發大乘者說 爲發最上乘者說
여래는 대승에 발심한 자를 위하여 이 경을 설하며 최상승에 발심한 자를 위하여 이 경(經)을 설하느니라.

六祖 大乘者 智慧廣大 善能建立一切法 最上乘者 不見
육조　 대승자 지혜광대 선능건립일체법　 최상승자 불견

垢法可猒 不見淨法 可求 不見衆生可度 不見涅槃可證
구법가염 불견정법 가구 불견중생가도 불견열반가증

不作度衆生之心 亦不作不度衆生之心 是名最上乘 亦
부작도중생지심 역부작부도중생지심 시명최상승 역

名一切智 亦名無生忍 亦名 大般若 有人 發心 求無上
명일체지 역명무생인 역명 대반야 유인 발심 구무상

道 無上無爲甚深之法 聞已 卽便 信解受持 爲人解說
도 무상무위심심지법 문이 즉변 신해수지 위인해설

令其深悟 不生毁謗 得大忍力 大智慧力 大方便力 卽能
영기심오 불생훼방 득대인력 대지혜력 대방편력 즉능

流通此經
유통차경

대승이란 지혜가 광대해서 능히 일체법을 잘 건립하는 것이요, 최상승이란 더러운 법은 가히 싫어함을 보지 않으며 깨끗한 법을 구(求)함도 보지 않고 제도할 중생도 보지 않으며 증득할 만한 열반도 보지 않고 중생을 제도한다는 마음도 짓지 않으며 또한 중생을 제도하지 않는다는 마음도 짓지 않으니, 이것을 최상승이라 명(名)하며 또한 일체지(一切智)라 명하고 무생인(無生忍)이며 대반야(大般若)니라.

어떤 사람이 발심하여 무상도(無上道)를 구하려면 이 무상, 무위의 심히 깊은 법을 듣고서 들은 후엔 곧바로 신해수지(信解受持)하여 사람을 위해 해설하고 그로 하여금 깊이 깨닫게 하여 훼방을 내지 않게 해서 대인력(大忍力)과 대지혜력(大智慧力)과 대방편력(大方便力)을 얻게 하면 바로 능히 이 경(經)을 유통함이 되리라.

若有人 能受持讀誦 廣爲人說 如來 悉知是人 悉見是人 皆得成就不可量不可稱無有邊不可思議功德 如是人等 即爲荷擔如來阿耨多羅三藐三菩提

만약 어떤 사람이 능히 이 경을 받아 지니고 읽고 외우며 널리 사람들을 위하여 설한다면 여래는 이 사람을 모두 알며 이 사람을 모두 보나니, 이 사람은 헤아릴 수 없고 말할 수 없으며 끝이 없고 생각할 수 없는 공덕을 모두 성취하게 되리라. 이런 사람은 곧 여래의 아뇩다라삼먁삼보리를 얻게 되느니라.

六祖 上根之人 聞此深經 得悟佛意 持自心經 見性究竟
육조   상근지인 문차심경 득오불의 지자심경 견성구경

復能起 利他之行 爲人解說 令諸學者 自悟無相之理 得
부능기 이타지행 위인해설 영제학자 자오무상지리 득

見本性如來 成無上道 當知說法之人 所得功德 無有邊
견본성여래 성무상도 당지설법지인 소득공덕 무유변

際 不可稱量 聞經解義 如敎修行 復能廣爲人說 令諸衆
제 불가칭량 문경해의 여교수행 부능광위인설 영제중

生 得悟修行無相無著之行 以能行此行 即有大智慧光
생 득오수행무상무착지행 이능행차행 즉유대지혜광

明 出離塵勞 雖離塵勞 不作離塵勞之念 即得阿耨多羅

명 출리진로 수리진로 부작리진로지념 즉득아뇩다라
三藐三菩提 故名荷擔如來 當知持經之人 自有無量 無
삼먁삼보리 고명하담여래 당지지경지인 자유무량 무
邊不可 思議功德
변불가 사의공덕

　상근기의 사람은 이 깊은 경전을 듣고서 부처님의 뜻을 깨달아 얻어 자기 마음의 경(經)을 갖게 되어서 견성(見性)해 마치고는 다시 능히 이타(利他)의 행(行)을 일으켜서 남을 위해 해설하고 모든 학자로 하여금 스스로 무상(無相)의 이치를 깨닫게 하여 여래(如來)의 본성(本性)을 볼 수 있게 하여서 무상(無上)의 도(道)를 이루게 하리라. 마땅히 알라. 법을 설하는 사람의 얻을 바 공덕은 끝이 없어서 가히 칭량할 수 없느니라.
　경(經)을 듣고서 뜻을 이해하여 가르침과 같이 수행하고는 다시 능히 사람을 위하여 널리 설하여서 모든 중생으로 하여금 무상(無相), 무착(無着)의 행(行)을 수행해서 깨달음을 얻게 함이라. 이런 행을 능히 행하게 하면 곧 지혜광명이 있게 되어 진로(塵勞)에서 벗어나리라. 비록 진로는 벗어났으나 진로를 벗어났다는 생각을 갖지 않으면 곧 여래의 아뇩다라삼먁삼보리를 얻게 되므로 여래라 이름하느니라.
　마땅히 알라. 경(經)을 가지는 사람은 저절로 무량무변 불가사의한 공덕이 있느니라.

何以故 須菩提 若樂小法者 着我見人見衆生見壽者見
卽於此經 不能聽受讀誦 爲人解說

무슨 까닭인가. 수보리야, 만약 작은 법을 좋아하는 자는 아견, 인견, 중생견, 수자견에 집착하게 되므로 곧 이 경을 능히 받아 듣고 읽고 외우며 남을 위해서 해설하지 못하느니라.

六祖 樂小法者 爲二乘聲聞人 樂小果 不發大心 以不發
육조 요소법자 위이승성문인 요소과 불발대심 이불발

大心故 卽於如來深法 不能受持讀誦 爲人解說
대심고 즉어여래심법 불능수지독송 위인해설

　작은 법을 즐긴다는 것은 이승인이 작은 과(果)를 즐겨서 큰 마음을 발하지 못하는 것이니 큰 마음을 발하지 못한 까닭에 곧 여래의 깊은 법을 수지독송해도 사람들을 위해 능히 해설하지 못하느니라.

　須菩提 在在處處 若有此經 一切世間天人阿修羅 所應
供養 當知此處 卽爲是塔 皆應恭敬作禮 圍繞 以諸華香
而散其處
　수보리야, 어느 곳이든지 만약 이 경이 있는 곳이면 일체 세간의 천상과 인간과 아수라 등이 응당 공양하게 되리니 마땅히 알라. 이곳은 탑이 됨이라. 모두가 공경히 예배하고 돌면서 여러 가지 꽃과 향으로써 그곳에 흩으리라.

六祖 若人 口誦般若 心行般若 在在處處 常行無爲無相
육조 약인 구송반야 심행반야 재재처처 상행무위무상

之行 此人所在 之處 如有佛塔 感得一切人天 各持供養
지행 차인소재 지처 여유불탑 감득일체인천 각지공양

作禮恭敬 與佛無異 能受持經者 是人心中 自由世尊 故
작례공경 여불무이 능수지경자 시인심중 자유세존 고

云如佛塔廟 當知是人 所作福德 無量無邊
운여불탑묘 당지시인 소작복덕 무량무변

 만약 사람이 입으로 반야를 외우고 마음으로 반야를 행하여 어느 곳에서든지 무위, 무상의 행을 행하면 이 사람이 있는 곳은 마치 부처님의 탑(塔)이 있음과 같도다. 일체의 인천(人天)이 각기 공양하고 예를 올려 공경하기를 부처님과 다름없이 하리라. 능히 경(經)을 수지하는 자는 이 사람의 마음 가운데 스스로 세존이 있음이 되므로 부처님의 탑묘와 같으리니, 마땅히 알라. 이 사람은 그 지은 복이 무량무변하리라.

說誼 倒握一柄吹毛 掃盡千差萬別 頓令心地 豁然開通
설의　도악일병취모　소한천차만별　돈령심지　활연개통

毗盧頂上 鋒芒獨露 威光 赫赫 寓目皆喪 所以 凡聖 入
비로정상 봉망독로 위광 혁혁 우목개상 소이 범성 입

在下風
재하풍

취모검(吹毛劍)을 거꾸로 잡고 다른 자취를 다 쓸어서 몰록 심지(心地)로 하여금 다 개통케 하도다.

봉망(鋒芒; 지혜의 칼끝)이 비로정(毘盧頂)에 홀로 드러나니 범성(凡聖) 모두가 바람 아래 섰도다.

第十六 能淨業障分(능히 업장을 깨끗이 함)

復次須菩提 善男子善女人 受持讀失誦此經 若有人輕
賤 是人 先世罪業 應墮惡道 以今世人 輕賤故 先世罪業
卽爲消滅 當得阿耨多羅三藐三菩提

다시 수보리야, 선남자 선여인이 이 경을 받아 지니며 읽고 외우더라도 만약 남에게 업신여김을 당하면, 이 사람은 전생에 지은 죄업으로 응당 악도에 떨어질 것이로되, 금생의 사람들이 업신여김으로써 전생의 죄업이 모두 소멸되고 마땅히 아뇩다라삼먁삼보리를 얻으리라.

六祖 佛言 持經之人 合得一切天人 恭敬供養 圍多生
육조　불언 지경지인 합득일체천인 공경공양 위다생

有重業障 故 今生 雖得受持諸佛如來 甚深經典 常被人
유중업장 고 금생 수득수지제불여래 심심경전 상피인

輕賤 不得人恭敬供養 自以受持經典故 不起人我等相
경천 부득인공경공양 자이수지경전고 불기인아등상

不問冤親 常行恭敬 心無惱恨 蕩然無所計較 念念常行
불문원친 상행공경 심무뇌한 탕연무소계교 염념상행

般若波羅蜜 曾無退轉 以能如是修行 故得從無量劫 以
반야바라밀 증무퇴전 이능여시수행 고득종무량겁 이

至今生 所有極重惡障 悉皆消滅 又約理而言 先世者 卽
지금생 소유극중악장 실개소멸 우약리이언 선세자 즉
是前 念妄心 今世者 卽是後念覺心 以後念覺心 輕賤前
시전 념망심 금세자 즉시후념각심 이후념각심 경천전
念妄心 妄不能住 故 云先世罪業 卽爲消滅 妄念 旣滅
념망심 망불능주 고 운선세죄업 즉위소멸 망념 기멸
罪業 不成 卽得菩提也
죄업 불성 즉득보리야

   부처님께서 말씀하시되 경(經)을 가진 사람은 합당히 일체 인천(人天)의 공경과 공양을 받아야 하지만, 많은 생에서 무거운 업장이 있게 된 까닭에 금생에 비록 모든 부처님들의 심히 깊은 경전을 수지하면서도 항상 남에게 업신여김을 당하고 남의 공경과 공양을 받지 못함이니라. 그러나 스스로 경전을 받아 가진 까닭에 아(我), 인(人)등의 상(相)을 일으키지 않아서 원수나 친한 이를 가리지 않고 항상 공경을 행하여 마음에 번뇌와 뇌한(惱恨)이 없으며 당연히 계교할 바가 없어서 순간순간 항상 반야바라밀을 행함에 일직이 물러남이 없으니, 능히 이와 같이 수행함으로써 무량겁으로부터 금생에 이르기까지 있는바 극히 무겁고 나쁜 장애를 모두 다 소멸한다 하셨다.

   또한 이치로써 말하면 선세(先世)란 곧 앞생각의 망령된 마음이요 금세(今世)란 뒷생각의 깨달은 마음이니, 뒷생각의 깨달은 마음으로 앞생각의 망령된 마음을 업신여겨서 망심이 머물지 못하게 하는 까닭에 선세 죄업이 곧 소멸된다 하신 것이다.

망념(妄念)이 이미 소멸됐으면 죄업이 성립되지 못하며 곧 보리를 얻음이 되는 것이다.

전세에 금강경의 최상승 진리를 항상 듣기를 싫어하고 남이 하는 것을 비방하고 경멸히 여긴고로, 인과의 과보를 응당 받아야지 하는 마음으로 진심(嗔心)을 내지 않고 지극한 정성으로 이 경을 독송하면 전세의 죄가 소멸됨이요,

전세에 삿된 것을 좋아하고 무명업식을 좋아하여 진리를 배척한 고로, 금세에 무명업식은 천하고 경멸하게 여겨서, 깨닫겠다는 지극한 마음으로 독경하므로 선세의 죄업을 소멸하게 할 수 있는 것이다.

須菩提 我念過去無量阿僧祇劫 於然燈佛前 得值八百四千萬億那由他諸佛 悉皆供養承事 無空過者
若復有人 於後末世 能受持讀誦此經 所得功德 於我所供養諸佛功德 百分 不及 千萬億分 乃至算數譬喩 所不能及

수보리야, 내가 과거 무량 아승지겁을 생각하니, 연등불을 뵙기 전에도 팔백사천만억 나유타의 여러 부처님을 만나서 모두 다 공양하고 받들어 섬겼으며 헛되이 지냄이 없었노라.

만약 또 어떤 사람이 앞으로 오는 말세에 능히 이 경을 받아 지니고 읽고 외우면 그 얻는 공덕은 내가 여러 부처님께 공양한 공덕으로는 백분의 일도 미치지 못하며 천만억분과 내지 산수와 비유로도 미칠 수 없느니라.

六祖　供養恒沙諸佛 施寶滿三千界 捨身如微塵數 種種
육조　공양항사제불 시보만삼천계 사신여미진수 종종

福德 不及持經 一念 悟無相理 息希望心 遠離衆生 顚
복덕 불급지경 일념 오무상리 식희망심 원리중생 전
倒知見 卽到波羅彼岸 永出三塗苦 證無與 涅槃
도지견 즉도바라피안 영출삼도고 증무여 열반

항하사의 부처님께 공양하며, 보물을 삼천세계에 가득히 보시하며 몸 버리기를 미진수와 같이 하는 갖가지 복덕이 경(經)을 가지는데 미치지 못하는 것은, 한순간에 무상(無相)의 이치를 깨달아서 희망심을 쉬고, 중생의 전도(顚倒)된 지견을 멀리 떠나서 곧 저 언덕에 이르러 영원히 삼악도의 고통에서 벗어나 무여열반을 증득함이니라.

須菩提 若善男子善女人 於後末世 有受持讀誦此經 所
得功德 我若具說者 或有人聞心卽狂亂 孤疑不信

　수보리야, 만약 선남자 선여인이 앞으로 오는 말세에 이 경을 받아 지니며 읽고 외워서 얻는 공덕을 내가 다 갖추어 말한다면, 혹 어떤 사람은 듣고 마음이 몹시 산란하여 의심하고 믿지 않으리라.

六祖 佛言 末法衆生 德薄垢重 嫉妬彌深 衆聖 潛隱 邪
육조 불언 말법중생 덕박구중 질투미심 중성 잠은 사
見 熾盛 於此時中 如有善男子善女人 受持讀誦此經 圓
견 치성 어차시중 여유선남자선여인 수지독송차경 원

離諸相 了無所得 念念常行慈悲喜捨 謙下柔和 究竟成
리제상 요무소득 염념상행자비희사 겸하유화 구경성

就無上菩提 或有聲聞小見 不知如來正法 常在不滅 聞
취무상보리 혹유성문소견 부지여래정법 상재불멸 문

說如來 滅後後五百歲 有人 能成就無相心 行無相行 得
설여래 멸후후오백세 유인 능성취무상심 행무상행 득

阿耨多羅三藐三菩提 卽心生驚怖 狐疑不信
아뇩다라삼먁삼보리 즉심생경포 호의불신

부처님께서 말씀하시되 말법중생은 덕이 엷고 번뇌는 무거우며 질투는 더욱 깊어져서 많은 성인들이 숨어버리고 삿된 견해는 치성하리니, 이러한 때에 만약 선남자 선여인이 이 경을 수지 독송하면 모든 상(相)을 원만히 떠나게 되어 본래의 얻을 바 없음을 깨달아서 생각 생각에 항상 자비희사(慈悲喜捨)와 겸하(謙下)와 유화를 행하여 끝내는 위없는 깨달음을 성취하거니와 혹 어떤 성문의 소견은 여래의 정법(正法)이 멸하지 않고 항상 있음을 알지 못하므로 여래가 멸한 뒤 후오백세에 어떤 사람이 능히 무상심(無相心)을 성취하고 무상행(無相行)을 행하여 아뇩다라삼먁삼보리를 얻었다 함을 들으면 곧 마음이 두려움을 내어 의심하고 믿지 않으리라.

須菩提 當知是經 義 不可思議 果報 亦不可思議
수보리야, 마땅히 알아라, 이 경은 뜻도 가히 생각할 수 없으며 과보도 또한 생각할 수 없느니라.

六祖 是經義者 卽是無著無相行 云不可思議者 讚歎無
육조　시경의자 즉시무착무상행 운불가사의자 찬탄무
著無相行 能成就阿耨多羅三藐三菩提也
착무상행 능성취아뇩다라삼먁삼보리야

　이 경(經)의 뜻이란 곧 무착(無著), 무상(無相)의 행(行)이요 가히 생각할 수 없다는 것은 무착, 무상의 행이 능히 아뇩다라삼먁삼보리를 성취함을 찬탄한 것이다.

第十七 究竟無我分 (끝까지 我가 없음)

爾時 須菩提 白佛言 世尊 善男子善女人 發阿耨多羅三藐三菩提心 云何應住 云何降伏其心 佛 告須菩提 若善男子善女人 發阿耨多羅三藐三菩提心者 當生如是心 我應滅度一切衆生 滅度一切衆生已 而無有一衆生 實滅度者

그때 수보리가 부처님께 사뢰었다. "세존이시여, 선남자 선여인이 아뇩다라삼먁삼보리심을 발하였으니, 어떻게 마땅히 머물며 어떻게 그 마음을 항복받으리까."

부처님께서 수보리에게 이르시되 "만약 선남자 선여인이 아뇩다라삼먁삼보리심을 발하였으면 마땅히 이와 같은 마음을 낼지니, 내가 응당 일체 중생을 멸도하리라. 일체 중생을 멸도하고 나서는 한 중생도 멸도함이 없느니라."

六祖 須菩提 問佛 如來滅後後五百歲 若有人 發阿耨多
육조 수보리 문불 여래멸후후오백세 약유인 발아뇩다
羅三藐三菩提心者 依何法而住 如何降伏其心 佛言 當
라삼먁삼보리심자 의하법이주 여하항복기심 불언 당
發度脫一切衆生心 度脫一切衆生 盡得成佛已 不得見
발도탈일체중생심 도탈일체중생 진득성불이 부득견
有一衆生 是我度者 何以故 爲除能所心也 除有衆生見
유일중생 시아도자 하이고 위제능소심야 제유중생견

也 亦除我見也
야 역제아견야

   수보리가 부처님께 물으시기를, "여래가 멸한 뒤 후 오백세에 만약 어떤 사람이 아뇩다라삼먁삼보리심을 발한 이는 무슨 법에 의지하여 머물며 어떻게 그 마음을 항복받으리까." 하니, 부처님께서 말씀하시되 "마땅히 일체중생을 제도하여 해탈케 하는 마음을 내어야 할지니, 일체 중생을 도탈(度脫)해서 다 성불하고 나서는 어떤 한 중생도 내가 제도했다는 것으로 생각해서는 안 된다." 고 하셨다. 무슨 까닭인가. 능소심(能所心) 상대적인 생각을 없앴기 때문이고 중생이 있다는 견해가 사라졌기 때문이며, 또한 나라는 견해를 없앴기 때문이니라.

何以故 須菩提 若菩薩 有我相人相衆生相壽者相卽非菩薩
무슨 까닭인가, 수보리야 만약 보살이 아상, 인상, 중생상, 수자상이 있으면 곧 보살이 아니니라.

六祖 菩薩 若見有衆生可度 卽是我相 有能度衆生心 卽
육조 보살 약견유중생가도 즉시아상 유능도중생심 즉

是人相 謂涅槃可求 卽是衆生相 見有涅槃可證 卽是壽
시인상 위열반가구 즉시중생상 견유열반가증 즉시수

者相 有此四相 卽非菩薩也
자상 유차사상 즉비보살야

   보살이 만약 중생을 가히 제도할게 있다 보면 이는 곧 아상(我相)이요, 능히 중

생을 제도하는 마음이 있으면 곧 인상(人相)이요, 열반을 가히 구한다 하면 곧 중생상(衆生相)이요, 열반을 가히 증득할 게 있다고 보면 곧 수자상(壽者相)이니, 이 네 가지 상(相)이 있으면 곧 보살이 아니니라.

所以者 何 須菩提 實無有法發阿耨多羅三藐三菩提心者
그 까닭이 무엇인가 하면 수보리야, 실로 법이 있어서 아뇩다라삼먁삼보리심을 발한 것이 아니니라.

六祖 有法者 我人衆生壽者四法也 若不除四法 終不得
육조 유법자 아인중생수자사법야 약부제사법 종부득

菩提 若言我不發菩提心者 亦是我人等法 我人等法 卽
보제 약언아불발보제심자 역시아인등법 아인등법 즉

是 煩惱根本
시 번뇌근본

법(法)이 있다는 것은 아, 인, 중생, 수자상의 네 가지 법이니, 만약 네 가지 법을 없애지 않으면 마침내 보리를 얻지 못함이요, 만약 나는 보리심을 발하지 않았다고 하더라도 또한 이것도 아, 인, 중생, 수자상의 법이니, 아, 인 등의 법은 곧 번뇌의 근본이 되느니라.

須菩提 於意云何 如來 於然燈佛所 有法得阿耨多羅三
藐三菩提不 不也 世尊 如我解佛所說義 佛 於然燈佛所

無有法得阿耨多羅三藐三菩提

　수보리야, 어떻게 생각하느냐. 여래가 연등불 처소에서 법이 있어 아뇩다라삼먁삼보리를 얻었느냐." "아닙니다. 세존이시여, 제가 부처님이 설하신 뜻을 이해하기에는 부처님이 연등불 처소에서 법이 있어 아뇩다라삼먁삼보리를 얻은 것이 아닙니다.

六祖 佛 告須菩提 我於師處 不除四相 得受記不 須菩提 深解無相之理 故言不也
육조　불 고수보리 아어사처 부제사상 득수기불 수보리 심해무상지리 고언불야

　부처님께서 수보리에게 물으시기를 "내가 스승의 처소에서 사상(四相)을 없애지 않고 수기를 얻었는가" 하시니, 수보리가 무상(無相)의 깊은 이치를 이해하는 고로 "아닙니다"라고 대답하였다.

佛言 如是如是
부처님께서 말씀하시되 '그렇다 그렇다'

六祖 善契佛意 故言如是 如是之言 是印可之辭
육조 선계불의 고언여시 여시지언 시인가지사

　부처님의 뜻에 잘 계합하였으므로 "그렇다"라고 하시니 "그렇다"란 말 곧

인가한 것이다.

須菩提 實無有法如來得阿耨多羅三藐三菩提 須菩提 若有法如來得阿耨多羅三藐三菩提者 然燈佛 卽不與我授記 汝於來世 當得作佛 號 釋迦牟尼 以實無有法得阿耨多羅三藐三菩提 是故 然燈佛 與我授記 作是言 汝於來世 當得作佛 號 釋迦牟尼

 수보리야, 실로 법이 있어서 여래가 아뇩다라삼먁삼보리를 얻음이 아니니라. 수보리야, 만약 법이 있어서 여래가 아뇩다라삼먁삼보리를 얻었음인댄 연등불이 곧 나에게 수기를 주면서 "너는 내세에 마땅히 부처를 이루리니 호를 석가모니라 하라"고 하시지 않았으려니와 실로 법이 있어서 아뇩다라삼먁삼보리를 얻은 것이 아니므로 이 까닭에 연등불이 나에게 수기를 주시면서 말씀하시되 "너는 내세에 마땅히 부처를 이루리니 호를 석가모니라 하라"고 하시니라.

六祖 佛言 實無我人衆生壽者 始得授菩提記 我若有發菩提心 然燈佛 卽不與我授記 以實無所得 然燈不 始與我授菩提記 此一段文 惣成須菩提 無我義
육조 불언 실무아인중생수자 시득수보리기 아약유발보리심 연등불 즉불여아수기 이실무소득 연등불 시여아수보리기 차일단문 총성수보리 무아의

 부처님께서 말씀하시되 실로 아, 인, 중생, 수자가 없어야 비로소 보리의 수

기를 얻을 것이니, 내가 만약 보리심을 발함이 있다면 연등불이 곧 나에게 수기를 주지 않았거니와 실로 얻은 바가 없음으로 연등불이 비로소 나에게 보리의 수기를 주셨다고 하셨다.

이 일단의 글은 모두 수보리가 무아(無我)의 뜻을 이룬 것을 의미하는 것이다.

何以故 如來者 卽諸法如義
무슨 까닭인가 하면 여래라 함은 곧 모든 법이 여여하다는 뜻이니라.

六祖 言諸法如義者 諸法 卽是色聲香味觸法 於此六塵
육조　언제법여의자　제법　즉시색성향미촉법　어차육진
中 善能分別 而本體湛然 不染不著 曾無變異 如空不動
중　선능분별　이본체담연　불염불저　증무변이　여공부동
圓通瑩澈 歷劫常存 是名諸法如義 菩薩 櫻珞經 云毁譽
원통형철　역겁상존　시명제법여의　보살　영락경　운훼여
不動 是如來行 入佛境界經 云諸欲不染故 敬禮無所觀
부동　시여래행　입불경계경　운제욕불염고　경예무소관

"모든 법이 여여하다는 뜻"이라 말한 것은 제법(諸法)이란 곧 색, 성, 향, 미, 촉, 법이니 이 육진 가운데서 잘 분별하되 그 본체가 담연(湛然)하여 물들지도 않고 집착하지도 않아서 일찍이 변함이 없는 것이 마치 허공과 같이 움직이지 않아서 원만히 통하고 환히 밝게 사무쳐서 몇 겁(劫)을 지나도 항상 있으므로 이름을 "모든 법이 여여하다" 하신 것이다. 보살 영락경에 이르되 헐뜯거나 칭찬에

동하지 않음이 여래의 행(行)이라 하며, 입불경계경에 이르되 모든 奴@欲)에 물들지 않는 고로 보는 바 없는데 불(佛)에 예경했다.

若有人 言如來得阿耨多羅三藐三菩提 須菩提 實無有法 佛得阿耨多羅三藐三菩提 須菩提 如來所得阿耨多羅三藐三菩提 於是中 無實無虛 須菩提 如來所得阿耨多羅三藐三菩提 於是中 無實無虛

만약 어떤 사람이 말하길 '여래가 아뇩다라삼먁삼보리를 얻었다'고 하면 수보리야, 실로 법이 있어서 부처님이 아뇩다라삼먁삼보리를 얻음이 아니니라.

수보리야, 여래가 얻은 바 아뇩다라삼먁삼보리는 이 가운데는 실다움도 없고 헛됨도 없느니라.

六祖 佛言 實無所得心 而得菩提 而所得心 不生 是故
육조 불언 실무소득심 이득보리 이소득심 불생 시고
得菩提 離此心外 更無菩提可得 故言無實也 所得心 寂
득보리 이차심외 갱무보리가득 고언무실야 소득심 적
滅 一切智 本有 萬行 悉圓備 恒沙德性 用無乏少 故言
멸 일체지 본유 만행 실원비 항사덕성 용무핍소 고언
無虛也
무허야

부처님께서 말씀하시기를, 실로 얻을 바 없는 마음으로 보리를 얻음이니, 얻을 바의 마음이 나지 않으므로 보리를 얻음이니라. 이 마음을 여의고 밖으로 다시 보리를 가히 얻을 수 없으므로 실다움이 없다고 말함이다. 소득심(所得心)이 적멸(寂滅)하여 모든 지혜가 본래 있으면 만행(萬行)이 다 원만히 갖추어져서 항하사의 덕성을 쓰되 조금도 부족함이 없으므로 헛됨이 없다고 하느니라.

是故 如來 說一切法 皆是佛法 須菩提 所言一切法者 卽非一切法 是故 名一切法
그러므로 여래가 설하되 '일체법이 다 불법이라' 하시니 수보리야, 말한 바 일체법이란 곧 일체법이 아님일새 그러므로 일체법이라 이름하느니라.

六祖 能於諸法 心無取捨 亦無能所 熾然建立一切法 而
육조   능어제법 심무취사 역무능소 치연건립일체법 이
心常空寂 告知一切法 皆是佛法恐迷者 貪著一切法 以
심상공적 고지일체법 개시불법공미자 탐착일체법 이
爲佛法 爲遣此病故 言卽非一切法 心無能所 寂而常照
위불법 위견차병고 언즉비일체법 심무능소 적이상조
定慧齊行 體用一致 是故 名一切法也
정혜제행 체용일치 시고 명일체법야

능히 모든 법에 대해서 마음으로 취사(取捨)가 없고 또한 능소(能所)가 없으면 치연히 일체법을 건립하되 마음은 항상 공적함이니, 그러므로 알라. 일체법이 다 불법이거니와 미(迷)한 사람은 일체법에 탐착하여 불법(佛法)을 삼을까 두려워 한 까닭에, 이런 병을 고치기 위해서 말씀하시기를 곧 일체법이 아니라고 함이다.
마음에 능소가 없어서 고요하되 항상 비추면 정혜(定慧)가 가지런히 행해지고 체와 용이 일치하게 됨으로 이름하여 일체법이라 한다.

須菩提 譬如人身長大 須菩提 言 世尊 如來 說人身長大
即爲非大身 是名大身

수보리야, 비유하건대 사람의 몸이 장대함과 같으니라. 수보리가 말씀드리되 "세존이시여, 여래께서 설한 사람몸의 장대함도 곧 큰몸이 아니고 그 이름이 큰몸입니다."

六祖 如來 說人身長大 即爲非大身者 以顯一切衆生 法
육조　여래 설인신장대 즉위비대신자 이현일체중생 법

身 不二 無有限量 是名大身 法身 本無 處所 故言即非
신 불이 무유한량 시명대신 법신 본무 처소 고언즉비

大身 又以色身 雖大 內無智慧 即非 大身也 色身 雖小
대신 우이색신 수대 내무지혜 즉비 대신야 색신 수소

內有智慧 得名大身 雖有智慧 不能依行 即非大身 依
내유지혜 득명대신 수유지혜 불능의행 즉비대신 의

敎修行 悟入諸佛無上知見 心無能所限量 是名大身
교수행 오입제불무상지견 심무능소한량 시명대신

여래가 설한 사람 몸의 장대가 곧 큰몸이 아니라는 것은 일체중생의 법신(法身)인 본래 처소가 없는 것을 나타내므로 곧 큰몸이 아니라고 말한 것이고, 법신은 둘이 아니어서 한량이 없으므로 이름하여 큰몸이라 하느니라. 또한 색신(色

身)이 비록 크나 안으로 지혜가 없으면 곧 큰몸이 아님이요, 색신이 비록 작으나 안으로 지혜가 있으면 큰몸이라 하며, 비록 지혜가 있으나 능히 의지하여 행(行)하지 않으면 곧 큰몸이 아님이라. 가르침에 의지하여 수행해서 제불(諸佛)의 위없는 지견을 깨달아 들어가서 마음에 능소(能所)와 한량(限量)이 없으면 이것을 큰 몸이라 하느니라.

須菩提 菩薩 亦如是 若作是言 我當滅度無量衆生 卽不名菩薩 何以故 須菩提 實無有法名爲菩薩 是故 佛說一切法 無我無人無衆生無壽者

수보리야, 보살도 또한 이와 같아서 만약 이런 말을 하되 '내가 마땅히 한량없는 중생을 멸도하리라' 한다면 곧 보살이라 이름할 수 없음이니, 무슨 까닭인가.

수보리야, 실로 법이 있어서 보살이라 이름하지 않느니라. 그러므로 부처님이 설하되 "일체법은 아도 없고 인도 없고 중생도 없으며 수자도 없다" 하느니라.

六祖 菩薩 若言因我說法 除得彼人煩惱 卽是法我 若言我能度 得衆生卽有我所 雖度脫衆生 心有能所 我人不除 不得名爲菩薩 熾然說種種方便 化度衆生 心無能所 卽是菩薩也

육조 보살 약언인아설법 제득피인번뇌 즉시법아 약언 아능도 득중생즉유아소 수도탈중생 심유능소 아인부제 부득명위보살 치연설종종방편 화도중생 심무능소 즉시보살야

보살이 만약 말하되 나의 설법으로 인하여 저 사람의 번뇌를 없앤다고 하면 이는 곧 법아(法我)이고, 만약 내가 능히 중생을 제도한다고 하면 곧 아소(我所)가 있음이니, 비록 중생을 제도하고 해탈하나 마음에 능소가 있어서 아(我)와 인(人)을 없애지 못하면 보살이란 이름을 얻지 못하도다.

치연하게 가지가지 방편을 설하여 중생을 교화하고 제도하되 마음에 능소가 없으면 이는 곧 보살이니라.

須菩提 若菩薩 作是言 我當莊嚴佛土 是不名菩薩 何以故 如來 說莊嚴佛土者 卽非莊嚴 是名莊嚴

수보리야, 만약 보살이 이런 말을 하되 '내가 마땅히 불국토를 장엄하리라' 한다면 이는 보살이라 이름할 수 없음이니, 무슨 까닭인가. 여래가 설한 불국토를 장엄한다는 것은 곧 장엄이 아니고 그 이름이 장엄이니라.

六祖 菩薩 若言我能建立世界者 卽非菩薩 雖能建立世
육조 보살 약언아능건립세계자 즉비보살 수능건립세

界 心有能所 卽非菩薩 熾然建立世界 能所心 不生 是
계 심유능소 즉비보살 치연건립세계 능소심 불생 시

名菩薩 最勝妙定經 云假使有人 造得 白銀精舍 滿三千
명보살 최승묘정경 운가사유인 조득 백은정사 만삼천

大千世界 不如一念禪定心 心有能所 卽非禪定 能所不
대천세계 불여일념선정심 심유능소 즉비선정 능소불

193

生 是名禪定 禪定 卽是淸淨心也
생 시명선정 선정 즉시청정심야

보살이 만약 내가 능히 세계를 건립한다고 하면 이는 보살이 아님이요, 비록 능히 세계를 건립하나 마음에 능소가 있으면 보살이 아님이니, 치연히 세계를 건립하되 능소심(能所心)이 나지 않아야 보살이라 한다.

최승묘정경에 이르되 가령 어떤 사람이 백은(白銀)으로서 정사(精舍, 절) 짓기를 삼천세계에 가득히 할지라도 한순간의 선정심(禪定心)만 같지 못하다고 하시니 마음에 능소가 있으면 곧 선정이 아님이요, 능소가 나지 않아야 선정이라 이름하니 선정이 곧 청정심(淸淨心)이니라.

須菩提 若菩薩 通達無我法者 如來 說名眞是菩薩
수보리야, 만약 보살이 무아의 법을 통달한 자이면 여래는 이를 참다운 보살이라 이름하느니라.

六祖 於諸法相 無所滯礙 是名通達 不作解法心 是名無
육조 어제법상 무소체애 시명통달 부작해법심 시명무
我法 無我法者 如來 說名眞是菩薩 隨分行持 亦得名爲
아법 무아법자 여래 설명진시보살 수분행지 역득명위
菩薩 然 未爲眞菩薩 解行 圓滿一切能所心 盡 方得名
보살 연 미위진보살 해행 원만일체능소심 진 방득명

爲眞是菩薩也
위진시보살야

　모든 법상(法相)에 걸린 바가 없음을 통달이라 하고, 법을 안다는 마음을 짓지 않음을 이름하여 무아법(無我法)이라 하니, 무아법이란 여래가 참다운 보살이라 이름함이며 분(分)을 따라 행하는 것을 이름하는 것이다.
　그러나 아직 참다운 보살이 못됨이니, 아는 것과 행함이 원만하여 일체의 능소심(能所心)이 다해야 비로서 참다운 보살이라 하느니라.

청운 說

정혜일체(定慧一體)

　육조혜능의 고제(高弟)인 신회가 무주(無住)를 적정(寂靜)의 뜻으로 '금강경'의 '마땅히 머무는 바 없이 그 마음을 내어라' 하는 마음의 자유로운 흐름의 근저에는 이미 지(知)가 작용하고 있다. 즉 무주의 자각에서 일체의 동작이 현출되고 있는 것이다. 무주는 또한 무념(無念)이다. 무념이기 때문에 무작(無作)이요, 무상(無相)이 되는 것이다.
　따라서 견성(見性)이란 찾아 헤매야 할 외부 대상이 아니라, 그러한 자성에 눈 뜨는 것, 즉 오각(悟覺)인 셈이다. 견성은 자성이 자성을 보는 것이다. 보는 것과 보여지는 것이라는 이중성이 없다. 의식이 없는 것이다.
　그 관념을 초월하여 스스로 본다는 적극성이 내재되어 있는 것이다. 종래부터 하나의 단계로 생각해 오던 계(戒)·정(定)·혜(慧) 삼학(三學)에 대해서도 혜능은 오직 '자성을 보는 그것일 뿐'이라고 강조한다.

여기에 부연하여 신회의 말을 다시 인용해 본다.

'마음에 시비(是非)가 있는가' '없다' '마음에 거래(去來)가 있는가' '없다' '마음에 푸르고 누르고 흰 빛깔이 있을까' '없다' '마음에 머무를 곳이 있을까' '없다'

제자가 물었다. '스님은 마음을 무주(無住)라고 말씀하시지만 마음 자체는 무주임을 압니까' '아느니라' '틀림없이 알고 있을까요' '안다' '제 생각에는 무주(無住)하는 곳에 안다는 생각을 세움은 잘못인 듯 합니다'

'무주란 적정(寂靜)이다. 적정의 본체를 정(定)이라 부른다. 본체에는 자연지(自然智)가 있어서 본래의 적정의 본체를 알게 되는데 그것을 혜(慧)라고 일컫는다. 이것이 정혜일체(定慧一體)라는 것이다.

第十八　一體同觀分 (한몸으로 동일하게 봄)

須菩提 於意云何 如來 有肉眼不 如是 世尊 如來 有肉眼
須菩提 於意云何 如來 有天眼不 如是 世尊 如來 天肉眼
須菩提 於意云何 如來 有慧眼不 如是 世尊 如來 有慧眼
須菩提 於意云何 如來 有法眼不 如是 世尊 如來 有法眼
須菩提 於意云何 如來 有佛眼不 如是 世尊 如來 有佛眼

'수보리야, 어떻게 생각하느냐. 여래가 육안이 있느냐'

'그렇습니다. 세존이시여, 여래는 육안이 있습니다.'

'수보리야, 어떻게 생각하느냐. 여래가 천안이 있느냐'

'그렇습니다. 세존이시여, 여래는 천안이 있습니다.'

'수보리야, 어떻게 생각하느냐. 여래가 혜안이 있느냐'

'그렇습니다. 세존이시여, 여래는 혜안이 있습니다.'

'수보리야, 어떻게 생각하느냐. 여래가 법안이 있느냐'

'그렇습니다. 세존이시여, 여래는 법안이 있습니다.'

'수보리야, 어떻게 생각하느냐. 여래가 불안이 있느냐'

'그렇습니다. 세존이시여, 여래는 불안이 있습니다.'

六祖　一切人 盡有五眼 爲迷所覆 不能自見 故 佛 敎除
육조　일체인 진유오안 위미소복 불능자견 고 불 교제

却迷心 卽五眼圓明 念念修行般若波羅蜜法 初除迷心
각미심 즉오안원명 염념수행반야바라밀법 초제미심

名爲肉眼 見一切衆生 皆有佛性 起憐憫心 是名天眼
명위육안 견일체중생 개유불성 기연민심 시명천안

癡心不生 名爲慧眼 著法心除 名爲法眼 細惑永盡 圓
치심불생 명위혜안 착법심제 명위법안 세혹영진 원

明徧照 名爲佛眼 又云見色身中 有法身 名爲肉眼 見性
명변조 명위불안 우운견색신중 유법신 명위육안 견성

明徹 能所永除 名爲天眼 見一切衆生 各具般若性 名爲
명철 능소영제 명위천안 견일체중생 각구반야성 명위

慧眼 見一切佛法 本來自備 名爲法眼 見般若波羅蜜
혜안 견일체불법 본래자비 명위법안 견반야바라밀

能出生三世 一切法 名爲佛眼也
능출생삼세 일체법 명위불안야

모든 사람이 다 오안(五眼)이 있건만 미혹에 덮인 바가 되어서 능히 스스로 보지 못함일새. 그러므로 부처님이 가르쳐 미한 마음을 없애버리면 곧 다섯 눈이 뚜렷이 밝아져서 생각 생각에 반야바라밀법을 수행케 하시니, 처음의 미한 마음을 없애는 것을 육안(肉眼)이라 함이요, 일체 중생은 모두 불성이 있어서 연민의 마음을 일으키는 것을 천안(天眼)이라 함이며, 어리석은 마음이 나지 않음을 혜안(慧眼)이라 하고, 법에 집착한 마음을 없애는 것을 법안(法眼)이라 하도다. 미세한 번뇌까지 영원히 다하여 뚜렷이 밝게 두루 비춤을 불안(佛眼)이라 하느니라. 또 이르되 색신(色身; 몸) 가운데서 법안(法眼)이 있음을 보는 것을 육안(肉眼)이라 하고, 일체 중생이 각각 반야의 성품을 갖추고 있음을 보는 것이 천안(天眼)이요, 반야바라밀법이 능히 삼세(三世)의 일체법(一切法)을 냄을 보는 것이 혜안(慧眼)이요, 일체의 불법이 본래 스스로 갖춤을 보는 것이 법안(法眼)이라 하며, 성품(性品)이 밝게 사무쳐서 능소를 영원히 없앰을 보는 것이 불안(佛眼)이라 이름하느니라.

須菩提 於意云何 如恒河中所有沙 佛說是沙不
如是 世尊 如來 說是沙
須菩提 於意云何 如一恒河中所有沙 有如是沙等恒河
是諸恒河所有沙數佛世界 如是寧爲多不 甚多 世尊

'수보리야, 어떻게 생각하느냐. 저 항하 가운데 있는 모래를 부처님이 설하신 적이 있느냐'

'그렇습니다. 세존이시여, 여래께서는 그 모래를 말씀하셨습니다.'

'수보리야, 어떻게 생각하느냐. 저 한 항하에 있는 모래수와 같이 이렇게 많은 항하가 있고 이 모든 항하에 있는 바 모래수만큼의 불세계가 있다면 이는 얼마나 많음이 되겠느냐. 심히 많습니다. 세존이시여,

六祖 恒河者 西國祇洹精舍側近之河也 如來說法 常指
육조 항하자 서국기원정사측근지하야 여래설법 상지
此河爲喩 佛說此河中沙一沙 況一佛世界 以爲多不 須
차하위유 불설차하중사일사 황일불세계 이위다부 수

菩提 言 甚多 世尊 佛 擧此 衆多國土者 欲明其中所有
보리 언 심다 세존 불 거차 중다국토자 욕명기중소유

衆生 一一衆生 皆有爾 許心數
중생 일일중생 개유이 허심수

　항하란 서국 기원정사 가까이에 있는 강이라. 여래께서 설법하심에 항상 이 강을 가리켜 비유로 삼으시니, 부처님이 설하시되 '이 강의 모래 하나로 하나의 불세계와 비유한다면 많음이 되느냐' 하시니 수보리가 말하되 '심히 많습니다. 세존이시여' 하다. 부처님이 이 많은 국토를 드신 것은 그 가운데 있는 바 낱낱의 중생들이 모두 그러한 마음의 숫자가 있음을 밝히고자 함이니라.

　佛 告須菩提 爾所國土中所有衆生 若干種心 如來悉知
何以故 如來 說諸心 皆爲非心 是名爲心

　부처님께서 수보리에게 이르시되 '저 국토 가운데 있는 중생의 가지 가지 종류의 마음을 여래가 다 아느니라. 무슨 까닭인가. 여래가 설한 모든 마음은 다 마음이 아니요 그 이름이 마음이기 때문이니라.'

六祖　爾所國土中所有衆生 一一衆生 皆有若干差別心
육조　이소국토중소유중생 일일중생 개유약간차별심
數 心數雖多 摠名妄心 識得妄心非心 是名爲心 此心
수 심수수다 총명망심 식득망심비심 시명위심 차심

卽是眞心 常心 佛心 般若波羅蜜心 淸淨菩提般若心也
즉시진심 상심 불심 반야바라밀심 청정보리반야심야

저 국토 가운데 있는 낱낱의 중생이 다 약간의 차별된 마음의 가지수를 가지고 있으니 이 심수(心數)가 비록 많으나 모두 이름이 망심(妄心)이로다. 망심이 참다움이 아님을 알면 이름이 '마음'이 됨이니 이 '마음'이 곧 참다움이며 항상하는 마음이며 불심(佛心)이며, 반야바라밀심이며, 청정보리열반심이니라.

所以者 何 須菩提 過去心不可得 現在心不可得 未來心不可得

까닭이 무엇인가 하면 수보리야, 지나간 마음도 얻을 수 없으며, 현재의 마음도 얻을 수 없으며, 미래의 마음도 얻을 수 없음이니라.

六祖 過去心不可得者 前念妄心 瞥爾已過 追尋無有處所
육조 과거심불가득자 전념망심 별이이과 추심무유처소

現在心 不可得者 眞心 無相 憑何得見 未來心不可得者
현재심 불가득자 진심 무상 빙하득견 미래심불가득자

本無可得 習氣已盡 更不復生 了此三心 不可得是名爲佛也
본무가득 습기이진 갱불부생 요차삼심 불가득 시명위불야

'지나간 마음은 얻을 수 없다' 란 앞생각의 망심(妄心)이 문득 지나가매 찾아봐도 그 처소가 없음이요, '현재의 마음도 얻을 수 없다' 라는 것은 참마음엔 상

(相)이 없으니 무엇을 의지하여 얻어볼 것인가. 또한 '미래의 마음도 얻을 수 없다' 란 본래 가히 얻을 수 없음이라. 습기(習氣)가 이미 다해서 다시 또 나지 않으니 이 세 가지 마음을 얻을 수 없음을 요달하면 이를 부처라 이름하느니라.

說誼 因甚道諸心 非諸心 是名常住妙圓眞心 若定諸心
설의　인심도제심 비제심 시명상주묘원진심 약정제심

是妄非眞 何者 是過去心 何者 是現在心 何者 是未來
시망비진 하자 시과거심 하자 시현재심 하자 시미래

心 過去心不可得 現在心不可得 未來心不可得 旣悤不
심　과거심불가득　현재심불가득　미래심불가득　기총불

可得 唯一妙圓眞心 無去來相 無現在相 光通三際 體徧
가득 유일묘원진심 무거래상 무현재상 광통삼제 체편

十方 佛之所以言此者 示現沙界衆生 差別心行 卽是如
시방 불지소이언차자 시현사계중생 차별심행 즉시여

來妙圓眞心 與佛無殊也 所以 永嘉 云 諸行無常 一切
래묘원진심 여불무수야 소이 영가 운 제행무상 일체

空 卽是如來大圓覺 然此 但依會妄歸眞之義論 是常
공 즉시여래대원각 연차 단의회망귀진지의논 시상

住眞心 是過去也 現在也 未來也 若道過去心 過去已滅
주진심 시과거야 현재야 미래야 약도과거심 과거이멸

心不可得 若道現在心 現在空寂 心不可得 若道未來心
심불가득 약도현재심 현재공적 심불가득 약도미래심

未來未至心不可得 寂然無有去住 廓然無有諸相 一切
미래미지심불가득 적연무유거주 확연무유제상 일체

時中 不可得而見也 一切法中 亦不可得而知也 佛之所
시중 불가득이견야 일체법중 역불가득이지야 불지소

以言此者 令捨虛妄浮心 契乎 常住眞心也 所以 道 妄
이언차자 영사허망부심 계호 상주진심야 소이 도 망

心滅盡業還空 直證菩提超等級
심멸진업환공 직증보리초등급

　무엇을 인하여 모든 마음이 마음이 아니고 이름하여 상주, 묘원, 진심이라 하는가. 만약 결정코 모든 마음이 망(妄)이고 진(眞)이 아니라면 무엇이 과거심이며 무엇이 현재심이며 무엇이 미래심인가. 과거심도 얻을 수 없으며 현재심도 얻을 수 없으며 미래심도 얻을 수 없음이니라.

　이미 모두 얻을 수 없으면 유일한 묘원진심이 과거나 미래의 상(相)도 없으며 또 현재의 상(相)도 없어서 그 광명이 삼제(三際; 과거, 현재, 미래)에 통하고 체(體)가 시방에 두루함이니 부처님이 이것을 말한 까닭은 항사세계 중생의 차별 심행(心行)이 곧 여래의 묘원진심이어서 부처와 더불어 조금도 다름이 없음을 나타냄이니라. 그러므로 영가(永嘉) 스님이 이르시되 제행(諸行)이 무상(無常)하여 일체(一切)가 공(空)함이라. 이는 곧 여래의 대원각(大圓覺)이라 하시니라. 그러나 이것은 다만 망(妄)을 알고 진(眞)에 돌아가는 뜻에 의지하여 논했을 따름이니 만약 그렇게만 생각한다면 망(妄)을 버리고 진(眞)에 돌아가는 길을 방해할까 염려하노라. 만약 망(妄)을 버리고 진(眞)에 돌아가는 뜻으로 논한다면 사바세계 중생들의 가지가지 마음을 여래가 다 아노니 무엇 때문에 그것을 알 수 있는가.

사바세계 중생의 가지가지 마음이 곧 상주진심(常住眞心; 변함없는 마음)이 아님이라. 다 허망한 뜬마음이 되므로 그것을 알 수 있느니라.

어찌하여 그런가. 만약 이 상주진심(常住眞心)이라면 이는 과거인가 현재인가 미래인가. 만약 과거심이라 말하면 과거는 이미 멸하여 그 마음을 얻을 수 없으며 만약 현재심이라면 현재는 텅비어 그 마음 또한 얻을 수 없으며 만약 미래심이라 하면 미래는 아직 이르지 않았으므로 그 마음을 가히 얻을 수 없으니, 적연하여 가고 머무름이 없으며 확연하게 모든 상이 없어서 일체의 시간중에 가히 얻어 볼 수 없으며 일체의 법(法)중에 또한 알 수 없느니라. 부처님이 이것을 말한 까닭은 허망부심을 버리고 상주진심에 계합하기 위함이니라. 그러므로 말하되 망심(妄心)이 멸진하고 업 또한 공하여서 바로 보리를 증득하여 등급을 초월한다 하시니라.

청운 說

일체 존재를 '내것'으로 얻지 아니하는 사람을 수도하는 사람이라 한다. 왜냐하면 온갖 물질을 볼 때, 눈이 온갖 물질을 얻지 아니하고, 귀가 온갖 소리를 들을 때 귀가 온갖 소리를 듣지 아니하고, 또는 의식이 작용을 미치는 대상세계도 이와 마찬가지이다.

마음이 내것으로서의 얻는 것을 가지지 않을 때, 부처님께서 곧 깨달음을 허락한다. 또한 일체 존재는 불가득(不可得)이요, 불가득이란 것도 역시 불가득이다.

第十九 法界通化分(법계를 다 교화하다)

須菩提 於意云何 若有人 滿三千大千世界七寶 以用布施 是人 以是因緣 得福多不 如是 世尊 此人 以是因緣 得福 甚多

須菩提 若福德 有實 如來 不說得福德多 以福德 無故 如來 說得福德多

"수보리야, 어떻게 생각하느냐 만약 어떤 사람이 삼천대천세계에 가득찬 칠보로써 보시에 쓴다면 이 사람은 이 인연으로 복을 얻음이 많겠느냐" "그렇습니다. 세존이시여, 그 사람은 이 인연으로 복을 얻음이 매우 많겠습니다." "수보리야, 만약 복덕이 실다움이 있을진대 여래가 복덕을 얻음이 많다고 말하지 않으련만 복덕이 없으므로 여래가 복덕을 얻음이 많다고 말하느니라.

六祖 七寶之福 不能成就佛果菩提 故言無也 以其在量
육조　칠보지복 불능성취불과보리 고언무야 이기재량
數 故名曰多 如能草果量數 即不說多也
수 고명왈다 여능초과량수 즉불설다야

칠보의 복은 능히 불과(佛果)나 보리(菩提)를 성취하지 못하기 때문에 "없다"고 말한 것이요 그 수량에 있으므로 "많다"고 말한 것이니 만약 수량을 초과하면 곧 많다고 말하지 않느니라.

說誼 福有者 取相也 福無者 離相也 經中 凡所以訶之
설의 복유자 취상야 복무자 이상야 경중 범소이하지

者 警其住相也 贊之者 進其離相也 離相行施 是眞修行
자 경기주상야 찬지자 진기이상야 이상행시 시진수행

故知 凡言施者 非但爲較量經勝 蓋責其住相也 前則責
고지 범언시자 비단위교량경승 개책기주상야 전즉책

其住相故 寶施福德 皆歸世諦有漏 此則直示無相無住
기주상고 보시복덕 개귀세제유루 차즉직시무상무주

故 寶施福德 得歸眞淨無漏
고 보시복덕 득귀진정무루

복(福)이 있다는 것은 상(相)을 취한 것이요, 복이 없다는 것은 상(相)을 여읜 것이다. 경(經)가운데 무릇 꾸짖은 까닭은 상(相)에 주(住)하는 것을 경책한 것이요, 찬탄한 것은 그 상(相)을 떠나서 보시(布施)를 행하면 이는 참다운 수행(修行)인 것이다. 그러므로 알라. 무릇 보시를 말하는 것은 비단 경(經)이 수승함을 비교하여 헤아릴 뿐만 아니라 대개 상(相)에 주함을 책망한 것이니, 앞에서 상(相)에 주한 것을 책망한 고로 보배를 베푼 복덕이 속세의 유루(有漏)에 다 돌아가거니와 여기서는 바로 무상(無相) 무주(無住)를 가리킨 고로 보배를 베푼 복덕이 진정 무루(無漏)에 돌아가게 되느니라.

第二十　離色離相分(색과 상을 떠나다)

須菩提 於意云何 佛 可以具足色身 見不 不也 世尊 如來 不應以具足色身 見 何以故 如來 說具足色身 卽非具足色身 是名具足色身

"수보리야, 어떻게 생각하느냐. 부처를 가히 구족한 색신으로써 볼 수 있겠느냐" "아닙니다. 세존이시여, 여래를 마땅히 구족한 색신으로써 볼 수 없습니다. 왜냐하면 여래께서 설하신 구족한 색신은 곧 구족한 색신이 아니고 그 이름이 구족한 색신입니다."

六祖 佛意 恐衆生 不見法身 但見三十二相八十種好 紫
　육조　불의 공중생 불견법신 단견삼십이상팔십종호 자

磨金軀 以爲如來眞身 爲遣此迷故 問須菩提 佛 可以具
마금구 이위여래진신 위견차미고 문수보리 불 가이구

足色身 見不 三十二相 卽非具足 色身 內具三十二淸淨
족색신 견불 삼십이상 즉비구족 색신 내구삼십이청정

行 是名具足色身 淸淨行者 卽 六波羅蜜 是也 於五根
행 시명구족색신 청정행자 즉 육바라밀 시야 어오근

中 修六波羅蜜 於意根中 定慧雙修 是名具足色身 徒愛
중 수육바라밀 어의근중 정혜쌍수 시명구족색신 도애

如來 三十二相 內不行三十二淸淨行 卽非具足色身 不
여래 삼십이상 내불행삼십이청정행 즉비구족색신 불
愛如來色相 能自持淸淨行 亦得名 具足色身
애여래색상 능자지청정행 역득명 구족색신

　부처님의 뜻은 중생들이 법신을 보지 못하고 다만 32상 80종호의 자마금의 몸만 보아서 이것으로 여래의 진신(眞身)을 삼을까 두려워하시어, 이런 미혹을 없애기 위하여 수보리에게 물으시길 "부처님을 가히 색신이 구족한 것으로써 보느냐" 하시니 32상은 곧 색신이 구족함이 아니고 안으로 32청정행을 갖춰야 이를 색신이 구족하다고 하니 청정행이란 곧 육바라밀을 말하는 것이다.
　오근중(五根中)에서 육바라밀을 닦고 의근(意根)가운데서 정혜(定慧)를 쌍으로 닦아야 이를 색신이 구족하다 말하니 여래의 32상만 좋아하고 안으로 32청정행을 행하지 않으면 곧 구족색신이 아니요, 여래의 색상(色相)을 좋아하지 않고 능히 스스로 청정행을 가지면 또한 색신이 구족하다는 이름을 얻느니라. (오근+육바라밀+정혜 = 32청정행)

　須菩提 於意云何 如來 可以具足諸相 見不 不也 世尊
如來 不應以具足諸相 見 何以故 如來 說諸相具足 卽非
具足 是名諸相具足

　"수보리야, 어떻게 생각하느냐. 여래를 모든 상이 구족한 것으로써 보겠느냐" "아닙니다. 세존이시여, 여래를 모든 상이 구족한 것으로써 볼 수 없습니다. 왜냐하면 여래께서 설하신 모든 상의 구족함이 곧 구족이 아니고 그 이름이 모든 상의 구족함입니다."

六祖 如來者 卽無相法身 是也 非肉眼所見 慧眼 乃能
육조　 여래자　즉무상법신　시야　비육안소견　혜안　내능

見之 慧眼 未明 具足我人等相 以觀三十二相爲如來者
견지 혜안 미명 구족아인등상 이관삼십이상위여래자

卽不名爲具足也 慧眼 明徹 我人 等相 不生 正智光明
즉불명위구족야 혜안 명철 아인 등상 불생 정지광명

常照 是名諸相具足 三毒未泯 言見如來眞身者 固 無此
상조 시명제상구족 삼독미민 언견여래진신자 고 무차

理 縱有見者 祇是化身 非眞實無相之法身也
리 종유견자 지시화신 비진실무상지법신야

　　여래란 곧 무상법신(無相法身)이 이것이요 육안으로써 볼 수 있는 것이 아니다. 혜안이라야 능히 볼 수 있으니 혜안이 밝지 못해서 아인(我人)등의 상(相)을 구족하여 32상을 관함으로써 여래를 삼는자는 곧 구족이라 이름할 수 없도다. 혜안이 맑게 사무쳐서 아, 인등의 상이 나지 않고 바른 지혜의 광명이 항상 비추면 이를 모든 상(相)이 구족하다고 이름한다. 삼독이 없어지지 않은 상태로 여래의 법신을 보는 것은 진실로 이런 이치가 아님이니 비록 본다 하더라도 다만 이것은 화신(化身)일뿐이요 진실한 무상(無相)의 법신은 아닌 것이니라.

청운 說

육종바라밀(성불을 위한 보살의 마지막 실천덕목)

바라밀에는 나(自)도 없고 남(他)도 없으며, 주는 것과 주어지는 것의 구별이 없다.

유마경에 따르면 기원정사(祇園精舍)의 원 소유자였던 수달타장자가 법보시의 집회를 열어, 널리 수행자, 이교도, 빈민, 천민, 거지 등을 차별없이 7일간의 공양을 베풀었을 때 유마거사가 와서 육바라밀을 교설한 적이 있었다. 그 때 진실한 일체세간의 복전이 되는 길을 가르쳤으므로, 장자가 천 백이나 되는 값어치의 진주 목걸이를 헌납하자, 유마는 이것을 받아 둘로 나누어서, 난승여래와 가장 신분이 천한 거지에게 평등하게 주면서 다음과 같이 말했다고 한다.

'만약 베푸는 사람이, 최하의 거지에 대하여 여래에게 바치는 것과 똑같은 마음으로 베풀고, 게다가 평등한 대자대비의 마음으로 실천하여 과보를 바라지 않아야, 참되고 완전한 법의 보시라 말할 수 있다' 하였다.

이를 다나바라밀(완전한 보시행)이라 한다. 사실도 없고 원인도 없고, 바라거나 싫어하는 마음도 없이, 본성의 있는 그대로이며, 결국 비(非)라는 것도 없고, 하물며 나지 않고, 곧 계율의 주체가 청결한 것을 실다바라밀(완전한 지계행)이라 한다.

마음에 안팎구별이 없고, 하물며 너와 나의 구별이 없고, 음색의 성질도 오염될리 없고, 허공처럼 평등한 것을 크샨티바라밀(완전한 인욕행)이라 한다.

하나 하나의 감각기관의 작용 한계를 떠나서, 거리낌없는 완전개방이면서, 각각 개체의 모습이 사로잡히지 않는 것을 비랴바라밀(완전한 정진행)이라 한다.

과거와 미래와 현재의 삼세에 걸쳐 개별적 모습이 없고, 한 순간이라도 머무는 일이 없고, 사실에도 이법에도 고정되지 않고, 고요와 혼란이 본질적으로 있는 그대로인 것을 선정바라밀(완전한 명상행)이라 한다.

마음이나 의식의 입장을 넘어서서, 방편에도 머물지 않는 것을 있는 그대로라 하며, 여기서는 방편을 쓸 수 없고, 쓰더라도 소용이 없다. 그러므로 반야바라밀(완전한 깨달음의 행)이라고 부른다.

第二十一 **非說所說分**(설함과 설하여 질 것이 아님)

須菩提 汝勿偉如來 作是念 我當有所說法 莫作是念 何
以故 若人 言如來 有所說法 即爲謗佛 不能解我所說故
須菩提 說法者 無法可說 是名說法
爾時 慧命須菩提 白佛言 世尊 頗有衆生 於未來世 聞說
是法 生信心不 佛言 須菩提 彼非衆生 非不衆生 何以故
須菩提 衆生衆生者 如來 說非衆生 是名衆生

"수보리야, 너는 여래가 이런 생각을 하되 '내가 마땅히 설한 바 법이 있다'고 이르지 마라. 이런 생각을 하지 말지니 무슨 까닭인가 하면 만약 사람이 말하길 여래가 설한 법이 있다고 하면 이는 곧 부처님을 비방함이니라. 능히 내가 설한 바를 알지 못한 연고니라. 수보리야, 설법이란 것은 법을 가히 설할것이 없음을 이름하여 설법이라 하느니라"

그때에 혜명수보리가 부처님께 사뢰었다. "세존이시여, 자못 어떤 중생이 미래세에 이 법 설하심을 듣고 믿는 마음을 내겠습니까."

부처님께서 말씀하시되 "수보리야, 저들은 중생이 아니며 중생 아님도 아니니 무슨 까닭인가. 수보리야, 중생이라 함은 여래가 설하되 중생이 아니고 그 이름이 중생이니라."

六祖 凡夫說法 心有所得 故 佛 告須菩提 如來說法 心
육조 범부설법 심유소득 고 불 고수보리 여래설법 심

無所得 凡夫 作能 解心說 如來語묵 皆如 所發言辭 如
무소득 범부 작능 해심설 여래어묵 개여 소발언사 여

饗應聲 任運 無心 不同凡夫 生滅心說 若言如來說法
향응성 임운 무심 부동범부 생멸심설 약언여래설법

心有生滅者 卽爲謗佛 維摩經 云夫說法者 無說無示 聽
심유생멸자 즉위방불 유마경 운부설법자 무설무시 청

法者 無聞無得 了萬法空寂 一切名言 皆是假立 於自空
법자 무문무득 요망법공적 일체명언 개시가립 어자공

性中 熾然建立 一切言辭 演說諸法 無相無爲 開導迷人
성중 치연건립일체언사 연설제법 무상무위 개도미인

令見本性 修證無上菩提 是名說法
영견본성 수증무상보제 시명설법

범부의 설법은 마음에 얻은 바가 있음이다. 그러므로 부처님께서 수보리에게 말씀하시기를, 여래의 설법은 마음에 얻은 바가 없음이다.

범부는 능히 아는 마음을 지어서 설(說)하거니와 여래는 말과 침묵함이 모두 같고 발하는 언사는 메아리가 소리에 응함과 같으며, 운용에 맡겨 무심하여서 범부의 생멸심으로 설함과 같지 않으니, 만약 여래의 설법이 마음에 생멸함이 있다고 하면 곧 부처님을 비방함이 된다고 하셨다.

유마경에 의하면, 대리 설법이란 설함도 없고 보임도 없으며, 청법이란 들음도 없고 얻음도 없다하니, 만법이 본래 공적(空寂)함을 요달하여 일체의 명(名)과 언(言)은 모두 거짓으로 세운 것이라.

스스로 공한 성품 가운데 치연히 일체의 언사를 건립하여 모든 법을 연설하되, 상도 없고 함도 없이 미혹한 사람을 깨우치고 인도하여 이로 하여금 본성(本性)을 보게 하며 위없는 깨달음을 닦고 증득하게 함을 설법(說法)이라 이름하느니라.

第二十二 無法可得分(법은 가히 얻을 것이 없음)

須菩提 白佛言 世尊 佛 得阿耨多羅三藐三菩提 爲無所得也 佛言 如是如是 須菩提 我於阿耨多羅三藐三菩提 乃至 無有少法可得 是名 阿耨多羅三藐三菩提

수보리가 부처님께 사뢰었다. "세존이시여, 부처님께서 아뇩다라삼먁삼보리를 얻으심은 얻은 바 없음이 되옵니다." 부처님께서 말씀하시되 "그렇다. 그렇다. 수보리야, 내가 아뇩다라삼먁삼보리에 내지 작은 법이라도 가히 얻음이 없으므로 이를 아뇩다라삼먁삼보리아 이름하느니라.

六祖 須菩提 言 所得心盡 卽是菩提 佛言 如是如是 我
육조 수보리 언 소득심진 즉시보리 불언 여시여시 아
於菩提 實無希求心 亦無所得心 以如是故 得名爲阿耨
어보리 실무희구심 역무소득심 이여시고 득명위아뇩
多羅三藐三菩提也
다라삼먁삼보리야

수보리가 말하기를 소득심이 다 없어짐을 곧 보리라 하니, 부처님께서 말씀하시기를 "그렇다. 그렇다. 내가 보리에 대하여 실로 희구심(希求心)이 없었으며 또한 소득심(所得心)도 없었음이니 이같은 까닭으로 아뇩다라삼먁삼보리라는 이름을 얻을 수 있었다"고 하시니라.

第二十三 淨心行善分 (깨끗한 마음으로 선을 행함)

復次須菩提 是法 平等 無有高下 是名阿耨多羅三藐三菩提 以無我無人無衆生無壽者 修一切善法 卽得阿耨多羅三藐三菩提

다시 또 수보리야, 이 법은 평등하여 높고 낮음이 없으므로 이를 아뇩다라삼막삼보리라 이름하느니라. 아도 없고 인도 없고 중생도 없고 수자도 없이 일체 선법을 닦으면 곧 아뇩다라삼막삼보리를 얻느니라.

六祖 菩提法者 上至諸佛 下至昆蟲 盡含種智 與佛無異
육조　보리법자 상지제불 하지곤충 진함종지 여불무이

故言平等 無有高下 以菩提無二故 但離四相 修一切善
고언평등 무유고하 이약리무이고 단리사상 수일체선

法 卽得菩提 若不離四相 修一切善法 轉增我人 欲證
법 즉득보리 약불리사상 수일체선법 전증아인 욕증

解脫之心 無由可得 若離 四相 而修一切善法 解脫 可
해탈지심 무유가득 약리 사상 이수일체선법 해탈 가

期 修一切 善法者 於一切法 無有染著 對一切經 不動
기 수일체 선법자 어일체법 무유염착 대일체경 부동

不搖 於世出世法 不貪不愛 於一切處 常行方便 隨順
불요 어세출세법 불탐불애 어일체처 상행방편 수순

衆生 使之歡喜信服 爲說正法 令悟菩提 如是 是名修行
중생 사지환희신복 위설정법 영오보리 여시 시명수행

故言修一切善法
고언수일체선법

    보리법(菩提法)이란 위로는 모든 부처에 이르고 아래로는 곤충에 이르기까지 다 일체 종지(種智)를 함유하고 있어서 부처와 더불어 다름이 없으므로 평등하여 고하가 없다는 것이다. 이 보리는 둘이 없는 고로 다만 사상(四相)을 떠나서 일체 선법을 닦으면 곧 보리를 얻을 것이다. 만약 사상을 떠나지 않고 일체의 선법을 닦으면 아(我)와 인(人)만 증장시켜서 해탈을 증득하고자 하는 마음 때문에 가히 얻을 수 없거니와 만약 사상(四相)을 떠나서 일체 선법을 닦으면 해탈을 기약할 수 있으리라. 일체 선법을 닦는다는 것은 일체법에 물듦이 없어서 일체 경계에 대하여 동(動)하지 않고 흔들리지도 않아서 세법(世法)과 출세법(出世法)에 탐하거나 애착하지도 않으며 일체처에서 항상 방편을 행하여 중생을 수순하고 그들로 하여금 환희롭게 믿고 복종케 하며 그들을 위하여 정법(正法)을 설하여 보리를 깨닫게 하니 이와 같아야 비로소 수행이라 할 수 있으므로 일체 선법을 닦는다고 하시니라.

청운說

육조단경의 반야삼매(般若三昧)

善知識 智慧觀照 內外明徹 識自本心 若識本心 即本解
선지식 지혜관조 내외명철 식자본심 약식본심 즉본해

脫 若得解脫 卽是般若三昧 卽是無念 何名無念 若見一
탈 약득해탈 즉시반야삼매 즉시무념 하명무념 약견일

切法 心不染著 是爲無念 用卽遍一切處 亦不着一切處
체법 심불염착 시위무념 용즉변일체처 역불착일체처

但淨本心 使六識 出六門 於六塵中 無染無雜 來去自有
단정본심 사육식 출육문 어육진중 무염무잡 내거자유

通用無滯 卽是般若三昧 自在解脫 名無念行 若百物不
통용무체 즉시반야삼매 자재해탈 명무념행 약백물불

思 當令念絶 卽是法縛 卽名邊見 善知識 悟無念法者
사 당령념절 즉시법박 즉명변견 선지식 오무념법자

萬法盡通 悟無念法者 見諸佛境界 悟無念法者 至佛地位
만법진통 오무념법자 견제불경계 오무념법자 지불지위

선지식이여 지혜로 비추어 보면 안팎이 밝게 통하여 자기의 본심을 알 수 있다. 만약 본심을 알면 곧 본래 해탈이오. 만약 해탈을 얻는다면 곧 그것이 반야삼매이며 곧 그것이 무념이다. 왜 무념이라 이름하는가. 만약 일체법을 보더라도 마음에 물들고 집착되지 않는다면 이것이 무념이니, 응용하면 모든 곳에 두루 하되, 모든 곳에 집착하지 않는다. 다만 본심(本心)을 깨끗이 하여 육식으로 여섯 문을 나가지만 육진 가운데 물들고 뒤섞임이 없어서 오고 감에 자재하며 통용하는데 막힘이 없으므로 곧 이것이 반야삼매이며 자재해탈이니 그 이름이 무념행이니라. 만약 백 가지 일을 다 생각하지아니하여 생각이 아주 끊어져서 아무 것도 없다면 이것은 법에 얽메이는 것으로서 편견이라 하느니라. 선지식이여 무념법을 깨달은 자는 만법에 다 통하여 제불(諸佛)의 경지를 보며, 부처님의 자리에 이를 것이니라.

須菩提 所言善法者 如來 說卽非善法 是名善法

수보리야, 말한 바 선법이란 것은 여래가 설하되 곧 선법이 아니고 그 이름이 선법이니라.

六祖 修一切善法 希望果報 卽非善法 六度萬行 熾然俱作
육조　수일체선법　희망과보　즉비선법　육도만행　치연구작

心不望報 是名善法
심불망보　시명선법

일체 선법을 닦으며 과보를 바라는 것은 곧 선법이 아니요 육도만행을 치연히 함께 짓되 마음에 과보를 바라지 않으면 이를 선법이라 하느니라.

宗鏡 法無高下故 諸佛心內 衆生 時時成道 相離我人故
종경　법무고하고　제불심내　중생　시시성도　상리아인고

衆生心 內諸佛 念念證眞 所以 道 念佛 不礙參禪 參禪
중생심　내제불　염념증진　소이　도　염불　불애참선　참선

不礙念佛 至於念而 不念 參而不參 洞明本地 風光 了
불애염불　지어념이　불념　참이불참　동명본지　풍광　요

達惟心淨土 溪山 雖異 雲月 是同 且道 那箇 不是平等
달유심정토 계산 수이 운월 시동 차도 나이 불시평등

之法 要知縱橫 不礙處麼 處處緣 楊堪繫馬 家家有路
지법 요지종횡 불애처마 처처연 양감계마 가가유로

透長安
투장안

  법에는 아래 위가 없는 연고로 모든 부처님의 마음안에는 중생이 때때로 성도(成道)하고, 상(相)은 아(我)와 인(人)을 떠난 고로 중생의 마음안엔 모든 부처님이 순간순간 진(眞)을 증득함이니라. 그러므로 말하되 염불이 참선에 걸리지 않고 참선하는 것이 염불에 걸리지 않는다 하시니라. 염(念)하되 염하지 않으며 참선하되 참선(參禪)하지 아니한 데에 이르러서는 본지풍광(本地風光)을 훤출하게 밝히고 유심정토(惟心淨土)를 요달함이니 시냇물과 산은 비록 다르나 구름과 달은 같음이로다.

  또 말하라. 어느 것이 평등법이 아니리오. 종횡으로 걸리지 않는 곳을 알고자 하는가. 곳곳에 있는 푸른 버들엔 말을 맬 수 있고 집집마다 길이 있어서 장안으로 통함이니라.

第二十四 **福智無比分**(복덕과 지혜는 비교할 수 없음)

須菩提 若三千大千世界中所有諸須彌山王如是等七寶聚 有人 持用布施 若人 以此般若波羅蜜經 乃至四句偈等 受持讀誦 爲他人說 於前福德 百分 不及 百千萬億分 乃至算數譬喩 所不能及

수보리야, 만약 삼천대천세계 가운데 있는 모든 수미산왕과 같은 칠보무더기들을 어떤 사람이 가져다 보시하더라도 만약 또 어떤 사람이 이 반야바라밀경이나 내지 사구게(四句偈) 등을 수지독송하여 남을 위해 말해주면 앞의 복덕으로는 백분의 일도 미치지 못하며 백천만억분과 내지 산수나 비유로도 능히 미치지 못하느니라.

六祖 大鐵圍山高廣 二百二十四萬里 小鐵圍山高廣 一
육조   대철위산고광   이백이십사만리   소철위산고광   일
百一十二萬里 須彌山高廣 三百三十六萬里 以此 名爲
백일십이만리   수미산고광   삼백삼십육만리 이차 명위
三千大千世界 約理而言 卽貪瞋癡妄念 各具 一千也如
삼천대천세계 약리이언 즉탐진치망념   각구 일천야여
許山 盡如須彌 以況七寶數 持用布施 所得 福德無量
허산 진여수미 이황칠보수 지용보시 소득 복덕무량

無邊 終是有漏之因 而無解脫之理 摩訶般若波羅蜜多
무변 종시유루지인 이무해탈지리 마하반야바라밀다

四句 經文 雖少依之修行 卽得成佛 是知 持經之福 能
사구 경문 수소의지수행 득성성불 시지 지경지복 능

令衆生 證得菩提 故 不可比也
영중생 증득보리 고 불가비야

　　대철위산의 높이가 이백이십사만리요. 소철위산의 높이와 넓이는 일백십이만리이며 수미산의 높이와 넓이는 삼백삼십육만리이다.

　　이로써 삼천대천세계가 이름하는데 이치를 잡아서 말한다면 곧 탐진치의 망념이 각각 일천을 갖추었느니라. 그러한 산이 다 저 수미산과 같으므로 칠보의 수와 비교하니 그것을 보시에 쓰면 얻은 복이 무량무변이나 마침내 이것은 유루의 인(因)이라 해탈한 이치가 없거니와 마하반야밀다의 사구(四句)는 경문(經文)이 비록 적으나 그것을 의지해서 수행하면 곧 성불(成佛)하리니 경을 수지하는 복이 능히 중생으로 하여금 보리를 증득케 함을 알 것이로다. 그러므로 가히 비교할 수 없느니라.

第二十五 化無所化分 (교화하되 교화하는 바가 없음)

　須菩提 於意云何 汝等 勿謂如來 作是念 我當度衆生 須菩提 莫作是念 何以故 實無有衆生如來度者 若有衆生如來度者 如來 即有我人衆生壽者

　수보리야, 어떻게 생각하느냐. 너희들은 여래가 이런 생각을 하되 '내가 마땅히 중생을 제도한다'고 말하지 말라. 수보리야, 이런 생각은 하지 말지니 왜냐하면 실로는 여래가 제도할 중생이 없음이니, 만약 여래가 제도할 중생이 있다하면 여래는 곧 아와 인과 중생과 수자가 있음이니라.

六祖 須菩提 意謂如來 有度衆生心 佛 謂遣須菩提
육조　수보리 의위여래 유도중생심 불 위견수보리

如是疑心故 言莫作是念 一切衆生本自是佛 若言如來
여시의심고 언막작시념 일체중생본자시불 약언여래

度得衆生成佛 即爲妄語 以妄語故 即是我人衆生 壽者
도득중생성불 즉위망어 이망어고 즉시아인중생 수자

此爲遣我所心也 夫一切衆生 雖有佛性 約不因諸佛說法
차위견아소심야 부일체중생 수유불성 약불인제불설법

無由自悟 憑何修行 得成佛道
무유자오 빙하수행 득성불도

수보리의 생각으로 여래가 중생을 제도하는 마음이 있다고 하므로 부처님께서 수보리의 이와 같은 의심을 없애기 위하여 "이런 생각하지 말라"고 하시니라. 일체 중생이 본래 스스로 부처인 것이니 만약 여래가 중생을 제도하여 성불케 한다고 하면 이는 곧 망령된 말이다. 망어(妄語)인 까닭에 곧 아, 인, 중생, 수자이니 이는 아소심(我所心, 내것이라는 마음)을 보내기 위함이다. 대저 일체 중생은 비록 불성이 있으나 만약 여러 부처님의 설법을 인하지 않고는 스스로 깨달을 까닭이 없으니 무엇을 의지하여 수행해서 불도(佛道)을 이룰 수 있으리오.

須菩提 如來 說有我者 卽非有我 而凡夫之人 以爲有我 須菩提 凡夫者 如來 說卽非凡夫 是名凡夫

수보리야, 여래가 설하되 아가 있다는 것은 곧 아가 있음이 아니거늘 범부들이 이를 아가 있다고 여기느니라. 수보리야, 범부라는 것도 여래가 설하되 곧 범부가 아니고 그 이름이 범부니라.

六祖 如來 說有我者 是自性淸淨常樂我淨之我 不同凡夫
육조 여래 설유아자 시자성청정상락아정지아 부동범부

貪瞋 無明虛妄 不實之我 故言凡夫之人 以爲有我
탐진 무명허망 부실지아 고언범부지인 이위유아

有我人 卽是凡夫 我人不生 卽非凡夫 心有生滅 卽是凡夫
유아인 즉시범부 아인불생 즉비범부 심유생멸 즉시범부

心無生滅 卽非凡夫 不悟般若波羅蜜多 卽是凡夫
심무생멸 즉비범부 불오반야바라밀다 즉시범부

悟得般若波羅蜜多 卽非凡夫 心有能所 卽是凡夫 能所不
오득반야바라밀다 즉비범부 심유능소 즉시범부 능소불
生 卽非凡夫也
생 즉비범부야

여래께서 아(我)가 있다고 설한 것은 자성(自性)이 청정한 상락아정(常樂我淨)의 아(我)이니 범부의 탐진치 무명과 허망하고 실답지 못한 아(我)와는 같지 않도다. 그래서 범부들이 아(我)가 있음을 삼는다고 하시느니라. 아인(我人)이 있으면 곧 범부이고 아인이 생(生)하지 않으면 곧 범부가 아니며 마음에 생멸이 있으면 곧 범부이고 마음에 생멸이 없으면 곧 범부가 아니며 반야바라밀다를 깨닫지 못하면 곧 범부요 반야바라밀다를 깨달으면 곧 범부가 아니며, 마음에 능소가 있으면 범부이고 능소심이 나지 않으면 곧 범부가 아니니라.

第二十六 法身非相分 (법신은 상이 아님)

須菩提 於意云何 可以三十二相 觀如來不
須菩提 言 如是如是 以三十二相 觀如來
佛言 須菩提 若以三十二相 觀如來者 轉輪聖王 卽是如來
須菩提 白佛言 世尊 如我解佛所說義 不應以三十二相 觀如來

"수보리야, 어떻게 생각하느냐. 가히 三十二상으로써 여래를 볼 수 있겠느냐."
수보리가 말씀드리되 "그렇습니다. 그렇습니다." 三十二상으로써 여래를 볼 수 있습니다.
부처님께서 말씀하시되 "수보리야, 만약 三十二상으로 여래를 관한다 하면 전륜성왕도 곧 여래이리라."
수보리가 부처님께사뢰었다. "세존이시여, 제가 부처님의 설하신 뜻을 이해하기에는 응당 三十二상으로써 여래를 관할 수 없습니다.

六祖 世尊 大慈 恐須菩提 執相之病 未除 故作此問 須
육조 세존 대자 공수보리 집상지병 미제 고작차문 수
菩提 未知佛意 乃言如是如是 早是迷心 更言以三十二
보리 미지불의 내언여시여시 조시미심 갱언이삼십이
相 觀如來 又是一重迷心 離眞轉遠故 如來 爲說 除彼
상 관여래 우시일중미심 이진전원고 여래 위설 제피

迷心 若以三十二相 觀如來者 轉輪聖王 卽是如來 輪王
미심 약이삼십이상 관여래자 전륜성왕 즉시여래 윤왕

雖有三十二相 豈得同如來也 世尊 引此言者 以遣須菩
수유삼십이상 개득동여래야 세존 인차언자 이견수보

提 執相之病 令其所悟深徹 須菩提 被問 迷心 頓釋 故
리 집상지병 영기소오심철 수보리 피문 미심 돈석 고

言 如我解佛所說義 不應以三十二相觀如來 須菩提 是
언 여아해불소설의 불응이삼십이상관여래 수보리 시

大阿羅漢 所悟甚深 方便 示其迷路 以冀世尊 除遣細惑
대아라한 소오심심 방편 시기미로 이기세존 제견세혹

令後世衆生 所見不謬也
영후세중생 소견불류야

세존께서 대자비로 수보리가 상(相)에 집착한 병을 없애지 못할까 염려하여 짐짓 이렇게 물으셨는데 수보리가 부처님의 뜻을 알지 못하고 이에 "그렇습니다. 그렇습니다" 하니 벌써 이것은 미혹한 마음이로다. 다시 말하면 32상으로써 여래를 관한다 하시니 거듭 한번 더 미(迷)한 마음이로다.

진(眞)을 떠남이 더욱 더 멀어짐으로 여래가 이를 위하여 말씀하시기를, 저 미한 마음을 없애고자 하시되 만약 32상으로 여래를 볼 수 있다면 전륜성왕도 곧 여래라고 하시니 전륜성왕이 비록 32상이 있으나 어찌 여래와 같을 수 있겠는가. 세존께서 이 말을 이끌어 온 것은 수보리의 상(相)에 집착한 병(病)을 보내기 위하여 그로 하여금 깨달은 바가 깊이 사무치게 하심이로다.

수보리가 물음을 받고 미(迷)한 마음이 한꺼번에 풀어진 까닭에 "제가 부처님의 설하신 뜻을 이해하기에는 응당 32상으로써 여래를 관할 수 없습니다" 한 것이다. 수보리는 큰 아라한이라, 깨달은 바가 매우 깊으니 방편으로 그 미로를 보여서 세존께서 미세한 번뇌를 없애 버리고 후세의 중생으로 하여금 보는 바가 그릇되지 않기를 바란 것이다.

爾時 世尊 而說偈言 若以色見我 以音聲求我 是人 行邪道 不能見如來

그때 세존께서 게송으로 말씀하셨다.

"만약 색신으로 나를 보거나 음성으로써 나를 구하면 이 사람은 사도를 행함이라. 능히 여래를 보지 못하리라.

六祖 若以兩字 是發語之端 色者 相也 見者 識也 我者
육조 약이양자 시발어지단 색자 상야 견자 식야 아자

是一切衆生身中 自性淸淨無爲無相眞常之體 不可高
시일체중생신중 자성청정무위무상진상지체 불가고

聲念佛 而得成就 會須正見分明 方得解悟 若以色聲二
성념불 이득성취 회수정견분명 방득해오 약이색성이

相 求之 不可見也 是知以相觀佛 城中求法 心有生滅 不
상 구지 불가견야 시지이상관불 성중구법 심유생멸 불

悟如來矣
오여래의

약이(若以) 두 자는 말을 낼때의 단서이다. 색이란 상(相)이요 견은 식(識)이요 아(我)는 일체중생의 몸 가운데 자성청정, 무위, 무상, 진상의 체이니 높은 소리로 염불해서 성취하는 것이 아니요, 모름지기 정견(正見)이 분명해야 바야흐로 해오(解悟)할 수 있는 것이다.

만약 색(色)과 성(聲) 두가지 상(相)으로써 구한다면 가히 볼 수 없으리니 알라, 상(相)으로써 부처를 관(觀)하거나 소리 가운데서 법을 구한다면 마음에 생멸이 있어서 여래를 깨닫지 못하리라.

청운 說

육조단경의 반야관조(般若觀照)

善知識 不悟卽佛 是衆生 一念悟時 衆生是佛 故知萬法
선지식 불오즉불 시중생 일념오시 중생시불 고지만법

盡在自心 何不從自心中 頓見眞如本性 菩薩戒經云 我
진재자심 하불종자심중 돈견진여본성 보살계경운 아

本元自性淸淨 若識自心 見性 皆成佛道 淨名經云 卽時
본원자성청정 약식자심 견성 개성불도 정명경운 즉시

豁然 還得本心 善知識 我於忍和尙處一聞言下便悟 頓
활연 환득본심 선지식 아어인화상처일문언하변오 돈

見眞如本性 是以 將此敎法流行 令學道者 頓悟菩提 各
견진여본성 시이 장차교법류행 영학도자 돈오보리 각

自觀心 自見本性 若自不悟 須覓大善知識 解最上乘法
자관심 자견본성 약자불오 수멱대선지식 해최상승법

者 直示正路是善知識 有大因緣 所謂化導 令得見性 一
자 직시정로 시선지식 유대인연 소위화도 영득견성 일

切善法 因善知識 能發起故 三世諸佛 十二部經 在人性
체선법 인선지식 능발기고 삼세제불 십이부경 재인성

中 本自具有 不能自悟 須求善知識指示 方見 若自悟者
중 본자구유 불능자오 수구선지식지시 방견 약자오자

不假外求 若一向執 謂 須要他善知識 望得解脫者 無有
불가외구 약일향집 위 수요타선지식 망득해탈자 무유

是 處可以故 自心內 有知識自悟 若起邪迷 妄念顚倒 外
시 처가이고 자심내 유지식자오 약기사미 망념전도 외

善知識 雖有教授 救不可得 若起正眞 般若觀照 一刹那
선지식 수유교수 구불가득 약기정진 반야관조 일찰나

間 妄念俱滅 若識自性一悟 卽至佛地
간 망념구멸 약식자성일오 즉지불지

선지식이여 만약 깨닫지 못하면 부처가 곧 중생이오, 한생각에 깨달으면 곧 중생이 부처이니라. 그러므로 만법이 다 자기의 마음에 있음을 알 수 있는데 어찌 제 마음 가운데의 진여본성(眞如本性)을 보지 못하는가.

「나의 본원 자성이 원래 스스로 청정하니 만약 제 마음을 알아서 성품을 보면 다 불도를 이루리라」하셨고, 「정명경」에 말씀하시기를 「즉시에 확 트이면

도리어 본심을 얻는다」하셨느니라. 선지식이여 내가 홍인화상의 처소에서 한 번 듣고 말씀 아래 바로 깨달아서 진여의 본성을 보았기에 이 교법을 가지고 널리 퍼지게 하여도 배우는 사람들로 하여금 바로 보리(菩提)를 깨달아서 각각 스스로 마음을 관하여 자기의 본성을 보게 한 것이다. 만약 스스로 깨닫지 못하거든 마땅히 최상승법을 아는 대선지식을 찾아서 바른 길, 가르침을 구하라.

이 선지식이 큰 인연이 있어서 교화하여 견성케 하리니 모든 선법이 이 선지식에서 능히 일어나기 때문이다. 그러므로 삼세제불의 십이부경이 사람의 성품 가운데 있어서 본래 갖추어져 있지만 능히 스스로 깨닫지 못하기 때문에 마땅히 선지식의 가르침을 구해야만 비로소 보게 되는 것이다. 만약 스스로 깨닫는 자는 밖으로 구함을 빌리지 않는다. 만약 한 쪽으로만 집착(執着)하여 말하기를 「다른 선지식을 의지하여 해탈을 얻으리라」고 바란다면 그와 같은 일은 있을 수 없는 것이다.

왜냐하면 제 마음 안에 선지식이 있어서 스스로 깨닫는 것이니 만약 삿된 어리석음을 일으켜서 망녕된 생각으로 뒤집혀졌다면 밖의 선지식이 아무리 가르쳐 주더라도 해탈되지 못하기 때문이다. 만약 바르고 참다운 반야를 일으켜서 관조한다면 찰나 사이에 망녕된 생각이 모두 없어질 것이니 만약 자성을 알아서 한 번 깨닫는다면 곧 바로 부처의 자리에 이르게 되리라.

第二十七 **無斷無滅分** (단멸이 없음)

須菩提 汝若作是念 如來 不以具足相故 得阿耨多多羅
三耨三菩提 須菩提 莫作是念 如來 不以具足相故 得阿耨
多多羅三耨三菩提 須菩提 汝若作是念 發阿耨多羅三耨
三菩提心者 說諸法斷滅 莫作是念 何以故 發阿耨多羅三
耨三菩提心者 於法 不說斷滅相

수보리야, 네가 만약 이런 생각을 하되 '여래는 구족한 상을 쓰지 않는 연고
로 아뇩다라삼먁삼보리를 얻었다' 하느냐. 수보리야, '여래는 구족한 상을 쓰지
않는 연고로 아뇩다라삼먁삼보리를 얻었다' 고 이런 생각을 하지 말라. 수보리
야, 네가 만약 이런 생각을 하되 '아뇩다라삼먁삼보리심을 말한 사람은 모든 법
이 단멸했다고 말하는가' 한다면 이런 생각도 하지 말지니, 무슨 까닭인가 하면
아뇩다라삼먁삼보리심을 말한 사람은 법에 있어서 단멸상을 말하지 않느니라.

六祖 須菩提 聞說眞身離相 便謂不修三十二淸淨行 得
　육조　수보리 문설진신이상　변위불수삼십이청정행　득

佛菩提 佛語須菩提 莫言如來 不修三十二淸淨行 而得
불보리 불 어수보리 막언여래 불수삼십이청정행 이득

菩提 汝若言不 修三十二淸淨行 得我耨菩提者 卽是斷
보리 여약언불 수삼십이청정행 득아뇩보리자 즉시단

滅佛種 無有是處
멸불종 무유시처

수보리가 진신(眞身)은 상(相)을 떠난 것이라는 설(說)을 듣고 문득 32청정행을 닦지 않고 부처가 보리를 얻었다 하므로 부처님께서 수보리에게 말씀하시되 "여래가 32청정행을 닦지 않고 보리를 얻었다고 말하지 말라.

네가 만약 32청정행을 닦지 않고 아뇩보리를 얻었다고 말하면 이는 곧 부처 종자를 단멸하는 것이라 옳지 않으리라" 하셨다.

第二十八 不修不貪分 (받지도 않고 탐하지도 않음)

須菩提 若菩薩 以滿恒河沙等世界七寶 持用布施 若復有人 知一切法無我 得成於忍 此菩薩 勝前菩薩 所得功德

수보리야, 만약 보살이 항하의 모래수와 같은 세계에 가득찬 칠보를 가지고 보시하더라도 만약 또 어떤 사람은 일체법이 아가 없음을 알아서 인을 얻어 이루면 이 보살은 앞의 보살이 얻은 공덕보다 수승하리라.

六祖 通達一切法 無能所心者 是名爲忍 此人 所得福德
육조 통달일체법 무능소심자 시명위인 차인 소득복덕
勝前七寶之福也
승전칠보지복야

일체법을 통달하여 능소심이 없는 것을 이름하여 인(忍)이 된다하니, 이 사람의 얻는바 복덕은 앞의 칠보를 보시한 복보다 수승한 것이니라.

何以故 須菩提 以諸菩薩 不受福德故 須菩提 白佛言 世尊 云何菩薩 不受福德 須菩提 菩薩 所作福德 不應貪着 是故 說不受福德

무슨 까닭인가. 수보리야, 모든 보살은 복덕을 받지 않는 까닭이니라.
수보리가 부처님께 사뢰었다. "세존이시여, 어찌하여 보살이 복덕을 받지 않습니까." "수보리야, 보살의 지은 바 복덕은 응당 탐착하지 않음이니 이 까닭에 복덕을 받지 않는다고 말하느니라.

六祖 菩薩 所作福德 不爲自己 意在利益一切衆生 故
육조　　보살　소작복덕　불위자기　의재리익일체중생　고

言不受福 德也
언불수복 덕야

　　보살의 지은 바 복덕은 자기를 위함이 아니요, 뜻이 일체중생을 이익케 하는 데 있으므로 복덕을 받지 않는다 하느니라.

傅大士 布施有爲相 三生却被呑 七寶多幸慧 那知捨六
부대사　　보시유위상　삼생각피탄　칠보다행혜　나지사육

根 但離諸有欲 旋弃愛情恩 若得無貪相 應到法王門
근　단리제유욕　선기애정은　약득무탐상　응도법왕문

　　보시는 유위의 상(相)이라. 삼생을 도리어 삼킴을 당하도다.(한생은 복 짓는데, 한 생은 복받는데, 한 생은 복을 다 쓰고 타락하는 것에 비유한 것) 칠보로써 많은 지혜행을 함이여, 어찌 육근을 버리는 것을 알겠는가. 다만 모든 욕심을 떠나고 가끔 애정의 은혜도 버릴지니 만약 탐상(貪相)이 없음을 안다면 마땅히 법왕문(法王門)에 이를 것이다.

第二十九 **威儀寂靜分**(위의가 적정함)

須菩提 若有人 言如來 若來若去若坐若臥 是人 不解我
所說義 何以故 如來者 無所從來 亦無所去 故名如來

　수보리야, 만약 어떤 사람이 말하기를 '여래는 오기도 하고 가기도 하며 앉기도 하고 눕기도 한다' 하면 이 사람은 나의 설한 바 뜻을 알지 못함이니라. 무슨까닭인가. 여래란 어디로부터 온 바도 없으며 또한 가는바도 없으므로 여래라 이름하느니라.

六祖 如來者 非來非不來 非去非不去 非坐非部坐 非臥
육조　여래자 비래비불래 비거비불거 비좌비부좌 비와
非不臥 行住坐臥 四威儀中 常在空寂 即時如來也
비불와 행주좌와 사위의중 상재공적 즉시여래야

　여래란 옴도 아니고 오지 않음도 아니며 감도 아니고 가지않음도 아니며 앉음도 앉지 않음도 아니며 누움도 아니고 눕지 않음도 아니니, 행주좌와의 네가지 위의 가운데서 항상 공적하게 있는 것이 곧 여래이니라.

第三十 一合理相分 (한 덩어리의 이치)

　　須菩提 若善男子善女人 以三千大千世界 碎爲微塵 於意云何 是微塵衆 寧爲多不
　　甚多 世尊 何以故 若是微塵衆 實有者 佛卽不說是微塵衆 所以者 何 佛說微塵衆 卽非微塵衆 是名微塵衆

　수보리야, 만약 선남자 선여인이 삼천대천세계를 부수어 작은 먼지로 만든다면 어떻게 생각하는가. 이 작은 먼지들이 얼마나 많겠느냐. 매우 많습니다.

　세존이시여. 무슨 까닭인가 하면 만약 이 작은 먼지들이 실로 있는 것이라면 부처님께서 곧 작은 먼지들이라고 말하지 않으셨을 것입니다. 까닭이 무엇인가 하면 부처님께서 설하신 작은 먼지들은 곧 작은 먼지들이 아니고 그 이름이 작은 먼지들입니다.

六祖 佛說三千大千世界 以喩一一衆生性上 妄念微塵
육조　불설삼천대천세계 이유일일중생성상 망념미진
之數 如三千大千世界 中所有微塵 一切衆生性上 妄念
지수 여삼천대천세계 중소유미진 일체중생성상 망념
微塵 卽非微塵 聞經悟道 覺慧常照 趣向菩提 念念不住
미진 즉비미진 문경오도 각혜상조 취향보리 염념부주
常在淸淨 如是淸淨微塵 是名微塵衆也
상재청정 여시청정미진 시명미진중야

부처님께서 설한 삼천대천세계는 낱낱 중생들의 성품위에 명령된 미진의 숫자가 삼천대천세계 가운데 있는 미진과 같음을 비유함이요, 일체 중생의 성품 위에 있는 망념인 미진은 곧 미진이 아니라고 한 것은 경을 듣고 도를 깨달으매 각(覺)의 지혜가 항상 비춰서 보리에 나아가므로 순간순간 머무름이 없어서 항상 청정함에 있음이니, 이와 같이 청정한 미진을 이름하여 작은 먼지들 미진중(微塵衆)이라 하느니라.

世尊 如來所說 三千大千世界 卽非世界 是名世界 何以故 若世界 實有者 卽是一合相 如來 說 一合相 卽非一合相 是名一合相 須菩提 一合相者 卽是不可說 但凡夫之人 貧着其事

세존이시여, 여래께서 설하신 삼천대천세계는 곧 세계가 아니고 그 이름이 세계입니다. 왜냐하면 만약 세계가 실로 있는 것이라면 곧 한 덩어리의 모양이니, 여래께서 설하신 한 덩어리의 모양도 한 덩어리의 모양이 아니고 그이름이 한 덩어리의 모양입니다.

수보리야, 한 덩어리의 모양이란 곧 이를 말할 수 없거늘 다만 범부들이 그 일에 탐착할 뿐이니라.

六祖 三千者 約理而言 卽貪瞋癡妄念 各具一千數也 心
육조 삼천자 약리이언 즉탐진치망념 각구일천수야 심
爲善惡之本 能作 凡作聖 動靜 不可測度 廣大無邊 故
위선악지본 능작 범작성 동정 불가측도 광대무변 고

名大千世界 心中明了 莫過悲智二法 由此二法 而得菩
명대천세계 심중명료 막과비지이법 유차이법 이득보

提 說一合相者 心有所得 故 卽非一合相 心無所得 是
리 설일합상자 심유소득 고 즉비일합상 심무소득 시

名 一合相 一合相者 不壞假名 而談實相 由悲 智二法
명 일합상 일합상자 불괴가명 이담실상 유비 지이법

成就佛果菩提 說不可盡 妙不可言 凡夫之人 貪著文字
성취불과보리 설불가진 묘불가언 범부지인 탐착문자

事業 不行悲智二法 而求無相菩提 何由可得
사업 불행비지이법 이구무상보리 하유가득

  삼천(三千)이란 이치로써 말하건대 곧 탐진치의 망념의 각각 일천의 숫자를 갖춘 것이니라. 마음이 선악의 근본이 되어 능히 범부도 되고 성인도 되어서 동(動)과 정(靜)을 헤아릴 수 없어서 광대하고 무변하므로 대천세계라 이름하느니라.

  심중(心中)에 명료한 것은 자비와 지혜, 두 법보다 더한 것이 없으니 이 두 법으로 말미암아서 보리를 얻느니라. 일합상(一合相)이라 말함은 마음에 얻을 바가 있는 고로 일합상이 아니요, 마음에 얻을 바가 없음에 이를 일합상이라 하니, 일합상이란 거짓 이름을 무너뜨리지 않고 실상(實相)을 말하는 것이니라. 자비와 지혜 두 법을 말미암아서 불과(佛果)인 보리를 성취함이다. 설(說)해도 다 할 수 없으며 그 묘함은 말할 수 없거늘 범부들이 문자사업에 탐착하여 자비와 지혜 두 법을 행하지 않고 무상보리(無上菩提)를 구하노니 무슨 이유로 얻을 수 있으리오.

第三十一 知見不生分(지견을 내지 않음)

　　須菩提 若人 言佛說我見人見衆生見壽者見 須菩提 於意云何 是人 解我所說義不 不也 世尊 是人 不解如來所說義 何以故 世尊 說我見人見衆生見壽者見 卽非我見人見衆生見壽者見 是名我見人見衆生見壽者見

　　"수보리야, 만약 어떤 사람이 말하기를 '부처님이 아견 인견 중생견 수자견을 말하였다' 한다면 어떻게 생각하느냐, 이 사람은 나의 말한 바 뜻을 이해하느냐" "아닙니다.

　　세존이시여, 그 사람은 여래께서 말씀하신 뜻을 알지 못합니다.

　　무슨 까닭인가 하면, 세존께서 말씀하신 아견 인견 중생견 수자견은 곧 아견 인견 중생견 수자견이 아니고 그 이름이 아견 인견 중생견 수자견입니다."

六祖 如來 說此經 令一切衆生 自悟般若智 自修行菩提
육조　여래　설차경　영일체중생　자오반야지　자수행보리
果 凡夫之人 不解佛意 便爲如來 說我人等見 不知如
과　범부지인　불해불의　변위여래　설아인등견　부지여
來 說甚深無相無 爲般若波羅蜜法 如來 所說我人等見
래　설심심무상무　위반야바라밀법　여래　소설아인등견
不同凡夫 我人等見 如來 說一切 衆生 皆有佛性 是眞
부동범부　아인등견　여래　설일체　중생　개유불성　시진

我見 說一切衆生 無漏智性 本自具足 是人見 說一切衆
아견 설일체중생 무루지성 본자구족 시인견 설일체중

生 本無煩惱 是衆生見 說一切衆生性 本自 不生不滅
생 본무번뇌 시중생견 설일체중생성 본자 불생불멸

是壽者見也
시수자견야

여래께서 이 경을 설하시어 일체 중생으로 하여금 반야의 지혜를 스스로 깨달아서 스스로 보리과를 증득하게 하시거늘, 범부들이 부처님의 뜻을 알지 못하고 곧 여래께서 아(我), 인(人)등의 견(見)을 설했다고 하니 여래의 심히 깊은 무상, 무위의 반야바라밀법을 설하심을 알지 못함이로다. 여래가 설하신 아(我) 인(人)등의 견은 범부의 아인등의 견과 같지 않음이니 여래가 설하신 일체 중생은 다 불성(佛性)이 있다는 이것은 참다운 아견(我見)이요, 일체 중생의 무루한 지성(智性)은 본래 스스로 구족했다고 설하신 것이 인견(人見)이요, 일체 중생은 본래 번뇌가 없다고 설하신 것이 중생견(衆生見)이요, 일체 중생의 성품이 본래 스스로 불생불멸하다고 설하심이 수자견(壽者見)이니라.

須菩提 發阿耨多羅三藐三菩提心者 於一切法 應如是知 如是見 如是信解 不生法相 須菩提 所言法相者 如來 說 卽非法相 是名法相

"수보리야, 아뇩다라삼먁삼보리심을 발한 사람은 모든 법에 응당 이와 같이 알며 이와 같이 보며 이와 같이 믿어서 법이란 상을 내지 않아야 하느니라. 수보리야, 말한 바 법상이란 여래가 설하되 곧 법상이 아니고 그 이름이 법상이니라."

六祖 發菩提心者 應見一切衆生 皆有佛性 應見一切衆
육조 발보리심자 응견일체중생 개유불성 응견일체중

生 無漏種智 本自具足 應信一切衆生 自性 本無生滅
생 무루종지 본자구족 응신일체중생 자성 본무생멸

雖行一切智慧方便 接物利生 部作能 所之心 口說無相
수행일체지혜방편 접물이생 부작능 소지심 구설무상

法 而心有能所 卽非法相 口說無相 法 心行無相行 而
법 이심유능소 즉비법상 구설무상 법 심행무상행 이

心無能所 是名法相也
심무능소 시명법상야

　보리심을 발한 자는 응당 일체 중생이 모두 불성이 있음을 보며 응당 일체 중생의 무루종지(無漏種智)가 본래 스스로 구족함을 알며 응당 일체 중생의 자성이 본래 생멸 없음을 믿을지니, 비록 일체의 지혜방편을 행하여서 사물을 접하고 중생을 이롭게 하더라도 능소(能所)의 마음을 짓지 말지니라. 입으로 무상법(無相法)을 설하되 마음으로 무상행(無相行)을 행하여 마음에 능소(能所)가 없으면 그 이름이 법상(法相)이니라.

第三十二　應化悲眞分 (응화신은 진신이 아님)

須菩提 若有人 以滿無量阿僧祇世界七寶 持用布施 若有善男子善女人 發菩薩心者 持於此經 乃至四句偈等 受持讀誦 爲人演說 其福 勝彼 云何爲人演說 不取於相 如如不動

수보리야, 만약 어떤 사람이 한량없는 아승지 세계에 가득 찬 칠보를 가지고 보시할지라도 만약 또 어떤 선남자 선여인으로서 보살심을 발한 자가 이 경전을 가지되 내지 사구게 등이라도 수지하고 독송하여 남을 위해 연설하면 그 복덕이 저보다 수승하리라. 어떻게 남을 위해 연설하는가. 상을 취하지 않고 여여히 동(動)하지 않느니라.

六祖 七寶之福 雖多 不如有人 發菩薩心 受持此經四句
　육조　칠보지복 수다 불여유인 발보살심 수지차경사구

偈等 爲人 演說 其福 勝彼百千萬倍 不可譬喩 說法善巧
게등 위인 연설 기복 승피백천만배 불가비유 설법선교

方便 觀根應量 種種 隨宜 是名爲人演說 所聽法人 有種
방편 관근응량 종종 수의 시명위인연설 소청법인 유종

種相貌不等 不得作分別心 但了空寂一如之心 無所得
종상모부등 부득작분별심 단료공적일여지심 무소득

心 無勝負心 無希望心 無生滅心 是名如如不動
심 무승부심 무희망심 무생멸심 시명여여부동

칠보의 복이 비록 많으나 어떤 사람이 보살심을 발하여 이 경의 사구게 등을 수지하고 사람들을 위하여 연설하는 것만 같지 못하니 그 복이 저것보다 백천만배나 수승함이라. 가히 비유할 수 없음이니 설법의 선교방편으로 근기를 관(觀)하고 량(量)에 응하여 가지가지로 마땅함을 따르는 것을 이름하여 사람을 위해 연설하는 것이라 함이다. 법을 듣는 사람의 갖가지 모습은 같지 않으나 분별심을 짓지 말 것이니, 다만 공적(空寂)하고 일여(一如)한 마음을 요달하여서 소득심(所得心)이 없으며 승부심(勝負心)이 없고 희망심(希望心)이 없으며 생멸심이 없으면 이를 이름하여 여여부동이라 하는 것이다.

何以故 一切有爲法 如夢幻抱影 如露亦如電 應作如是觀 佛 說是經已 長老須菩提 及諸比丘比丘尼 優婆塞優婆夷 一切世間天人阿修羅 聞佛所說 皆大歡喜 信受奉行

무슨 까닭인가. 일체의 함이 있는 법은 꿈과 같고 환상과 같고 물거품과 같고 그림자 같으며 이슬과 같고 또한 번개와도 같으니 응당 이와 같이 관할지니라.

부처님께서 이 경을 설하여 마치시니, 장로수보리와 모든 비구 비구니와 우바새 우바이와 일체 세간의 천상과 인간과 아수라 등이 부처님의 설하심을 듣고 모두 다 크게 환희하며 믿고 받아 지니며 받들어 행하니라.

六祖 夢者 是妄身 幻者 是妄念 泡者 是煩惱 影者 是業
　　　육조　 몽자 시망신 환자 시망념 포자 시번뇌 영자 시업

障 夢幻泡影業 是名有爲法 眞實 離名相 悟者 無諸業
장 몽환포영업 시명유위법 진실 이명상 오자 무제업

　몽(夢)이란 망녕 된 몸이요 환(幻)이란 망녕 된 생각이고 포(泡)란 번뇌며 영(影)이란 업장(業障)이라, 몽, 환, 포, 영의 업(業)을 유위법이라 명(名)함이니 진실(眞實)은 명(名)과 상(相)을 떠난 것이요, 깨달음이란 모든 업(業)이 없는 것이니라.

說誼 演說是經 何須不取於相 如如不動 一切有爲化演
　　　설의　 연설시경 하수불취어상 여여부동 일체유위화연

之法 若離 法界 無自體相 如彼六喩 皆非究竟 所以 應
지법 약이 법계 무자체상 여피육유 개비구경 소이 응

如是觀 不取於相 不取於相 以不取三相 言者 眞如自性
여시관 불취어상 불취어상 이불취삼상 언자 진여자성

非有相 非無相 非非有 相非非無相 爲破常見 說一切空
비유상 비무상 비비유 상비비무상 위파상견 설일체공

爲破斷見 說一切有 恐落二邊 說不空 不有 此皆對緣施
위파단견 설일체유 공락이변 설불공 불유 차개대연시

設 非爲究竟 由是 不應取於三相 違彼如如妙境 此則單
설 비위구경 유시 불응취어삼상 위피여여묘경 차즉단

約化演說耳 且通約世出世法 以明三觀一心 一心三觀
약화연설이 차통약세출세법 이명삼관일심 일심삼관

之意 內而根身 外而器界 依正淨穢 上至諸佛 下至螻
지의 내이근신 외이기계 의정정에 상지제불 하지루

蟻 凡聖因果等法 皆從 緣有 盡屬有爲 因心所現 皆無自
의 범성인과등법 개종 연유 진속유위 인심소현 개무자

體 如夢因想有 無自體 幻因 物有 無自體 泡因水有 無
체 여몽인상유 무자체 환인 물유 무자체 포인수유 무

自體 影因形有 無自體 所以 諸法 無 不是空 雖無自體
자체 영인형유 무자체 소이 제법 무 부시공 수무자체

依正淨穢 相相 宛然 凡聖因果 不可云無 如彼草露 雖
의정정에 상상 완연 범성인과 불가운무 여피초로 수

非 常住 暫焉得住 所以 諸法 無不是假 旣如夢卽空 如
비 상주 잠언득주 소이 제법 무부시가 기여몽즉공 여

露卽假 亦如電 光無中忽有 有中忽無 刹那卽生 刹那卽
로즉가 역여전 광무중홀유 유중홀무 찰나즉생 찰나즉

滅 有卽非 有無 卽非無 卽非有無 所以 諸法 無非中道
멸 유즉비 유무 즉비무 즉비유무 소이 제법 무비중도

生卽無生 滅卽無滅 生滅 旣虛 所以 諸法 無非實相 所
생즉무생 멸즉무멸 생멸 기허 소이 제법 무비실상 소

以道 因緣所生法 我說卽是空 是名 爲假名 亦名 中道
이도 인연소생법 아설즉시공 시명 위가명 역명 중도

義 伊麼則三相 不離一 境一境 圓含三相 欲言三相 宛
의 이마즉삼상 불리일 경일경 원함삼상 욕언삼상 완

是一境 欲言一境 宛是三相 三一一三 圓融互照 此是如
시일경 욕언일경 완시삼상 삼일일삼 원융호조 차시여

如大총 相法門也 取於有得麼 取於空得麼 取於中
여대총 상법문야 취어유득마 취어공득마 취어중

得麼 取三相得麼 取一相得麼 應觀卽三之一 契乎三
득마 취삼상득마 취일상득마 응관즉삼지일 계호삼

觀一心之門 觀卽一之三 契乎一心三觀 之門 頓超三一
관일심지문 관즉일지삼 계호일심삼관 지문 돈초삼일

之外 安住如如妙境 持是經者 入此觀門 不用解一理 會
지외 안주여여묘경 지시경자 입차관문 불용해일리 회

盡無量義 說是經者 入此觀門 不用說一字 常轉正法輪
진무량의 설시경자 입차관문 불용설일자 상전정법륜

末后一偈 妙超情謂 千古令人 洒洒落落 凡著讀者 尤
말후일게 묘초정위 천고령인 쇄쇄락락 범착독자 우

須 著眼
수 착안

이 경을 연설(演說)하면서 어찌 모름지기 상을 취하지 않고서 여여(如如)히 부동하는가? 모든 유위(有爲)로써 교화하고 연설하는 법이 만약 법계를 떠나면 자체의 상이 없는 것이 저 여섯 가지 비유(六喩)와 같아서 모두 구경이 못되는 것이니, 마땅히 이와 같이 관하여 상을 취하지 말지니라. 상을 취하지 않는 것을 삼상(三相; 有·假·中)을 취하지 않는 것으로 진여자성(眞如自性)은 유상(有相)이 아니며, 무상(無相)도 아니고 비유상도 아니며 비무상도 아니기 때문이다.

상견(常見)을 피하기 위하여 일체가 공(空)함을 설(說)하시고 단견(斷見)을 피하기 위하여 일체(一切)가 유(有)임을 설(說)하시며, 양변(二邊)에 떨어질까 염려하여 공(空)도 아니고 유(有)도 아님을 설하시니, 이는 모두 인연(因緣)에 닿아서 시설(施設)하는 것이기에 구경(究竟)이 되지 않는 것이다. 이로 말미암아 마땅히 삼상(三相)을 취하여서 저 여여한 묘경에 위배되지 말지니라.

이것은 곧 단적으로 교화하여 연설함을 잡아채어 설하였을 따름이거니와, 또한 능히 세(世)와 출세법(出世法)을 잡아서 삼관(三觀)이 일심(一心)이며, 일심(一心)이 삼관(三觀)인 뜻을 밝힌 것인데, 안으로의 근신과 밖으로 기계(器界)의 의보·정보와 정토(淨土)·예토(穢土)와 위로는 부처님으로부터 아래로는 개미류에 이르기까지 범성(凡聖)과 인과(因果) 등의 법이 다 인연(因緣)을 좇아서 있음이다.

모두 유위(有爲)에 속함이요, 마음으로 인하여 나타난 바로다. 모두 자체가 없는 것이 마치 꿈은 생각으로 인하여 있어서 자체가 없으며 환(幻)은 사물(事物)로 인하여 있어서 자체가 없으며, 물거품은 물로 인하여 있어서 자체가 없고 그림자는 형상으로 인해 있어서 자체가 없음과 같도다.

그러므로 모든 법(法)이 공(空)이 아님이 없느니라. 비록 자체가 없으나 의·정·정·예(依正淨穢)의 모양 모양이 분명하고 범성(凡聖), 인과(因果)가 가히 없다고 말할 수 없는 것이, 저 풀잎의 이슬이 비록 항상 있지는 않으나 잠시 있는 것이라. 그러므로 모든 법이 거짓(假)이 아님이 없느니라. 이미 꿈은 곧 공(空)함과 같으며, 이슬은 곧 거짓과 같으며, 또한 번갯불은 없는 가운데 홀연히 있는 것과 같으며 있는 가운데 홀연히 없는 것과 같아서 찰나에 곧 생(生)하고 찰나에 곧 멸(滅)함이다.

유(有)가 곧 유(有)가 아니요, 무(無)가 곧 무(無)가 아님이 되니, 모든 법(法)이 중도(中道) 아님이 없느니라. 생(生)이 곧 생(生)이 아니요, 멸(滅)한 즉 멸(滅)함이 아니니, 생멸(生滅)이 이미 텅 비었으므로 제법(諸法)이 실상(實相) 아님이 없느니라. 그러므로 말하길, 인연(因緣)으로 생긴 바의 법(法)을 내가 말하되 곧 공(空)이다.

이 이름은 가명(假名)이 되며, 또한 이름이 중도(中道)의 뜻이라 하시니, 이러한 즉 삼상(三相)이 한 경계(一境)를 떠나지 않았으며, 일경(一境)이 원만히 삼상(三相)을 다 포함하고 있음이다. 삼상을 말하고자 하면 완연히 이 일경(一境)이요, 일경이라 말하고자 하면 완연히 이 삼상(三相)이라, 삼, 일과 일, 삼이 원융하게 서로 비추니 이것이 여여한 대총상 법문이니라.

유(有)를 취할 수 있겠는가, 공(空)을 취할 수 있겠는가, 중(中)을 취할 수 있겠는가, 삼상(三相)을 취할 수 있겠는가, 일상(一相)을 취할 수 있겠는가? 당연히 즉한 일을 관(觀)해서 삼관일심(三觀一心)의 문에 계합하고 일(一)에 즉한 삼(三)을 관(觀)해서 일심삼관(一心三觀)의 문에 계합하며, 삼(三)과 일(一)의 밖을 단번에 초월하여 여여한 묘경(妙境)에 안주함이니, 이 경(經)을 가진 사람이 이 관문에 들어오면 한 가지 이치의 앎을 쓰지 않았더라도 무량한 뜻을 다 알게 되고, 이 경(經)을 설한 자가 이 관문에 들어오면 한 글자의 설(說)함을 쓰지 않더라도 항상 정법륜(正法輪)을 굴릴지니라. 마지막 한 게송(偈頌)이 묘하게 우리의 알음알이를 뛰어넘어서 천고(千古)의 사람으로 하여금 쇄쇄락락(洒洒落落)하게 함이니 무릇 경(經)을 읽는 사람은 더욱더 여기에(마지막 한 게송) 착안할 지어다.

육조혜능선사 결 六祖慧能禪師訣

法性圓寂 本無生滅 因有生念 遂有生緣 故 天得命之
법성원적 본무생멸 인유생념 수유생연 고 천득명지

以生 是 故謂之命天命 旣立 眞空 不有 前日生念 轉而
이생 시 고위지명천명 기립 진공 불유 전일생념 전이

爲意識 意識之用 散而爲 六根 六根各有分別 中有
위의식 의식지용 산이위 육근 육근각유분별 중유

所総持者 是故謂之心 心者 念慮之所在也 神識之所
소총지자 시고위지심 심자 염려지소재야 신식지소

舍也 眞妄之所共處者也 當凡夫聖賢機會之地也 一切
사야 진망지소공처자야 당범부성현기회지지야 일체

衆生 自無始來 不能離生滅者 皆爲此心 所累 故 諸佛
중생 자무시래 불능리생멸자 개위차심 소누 고 제불

惟教人了此心 此心了 卽見自性 見自性卽是菩提也 此
유교인료차심 차심료 즉견자성 견자성즉시보리야 차

在　性時　皆自空寂而湛然若無　緣有生念以後　有者也有
재　성시　개자공적이담연약무　연유생념이후　유자야유

生則有形形者　地水火風之聚沫也　以血氣　爲體　有生者
생즉유형형자　지수화풍지취말야　이혈기　위체　유생자

之所託也　血氣足則精足　精足則生神　神足　生　妙用　然
지소탁야　혈기족즉정족　정족즉생신　신족　생　묘용　연

則妙用者　卽在吾圓寂時之　眞我也因形之遇物故　見之
즉묘용자　즉재오원적시지　진아야인형지우물고　견지

於作爲而已　但凡夫　迷而逐物　聖賢　明而應物　逐物者
어작위이이　단범부　미이축물　성현　명이응물　축물자

自彼　應物者　自我　自彼者　著於所見　故受輪廻　自我者
자피　응물자　자아　자피자　착어소견　고수륜회　자아자

當體常空　萬劫如一　合而觀之　皆心之妙用也　是故　當其
당체상공　만겁여일　합이관지　개심지묘용야　시고　당기

未生之時　所謂性者　圓滿具足　空然無物　湛乎自然　其廣
미생지시　소위성자　원만구족　공연무물　담호자연　기광

大　與處空等　往來變化　一切自由　天雖欲命我以生　其可
대　여처공등　왕래변화　일체자유　천수욕명아이생　기가

得乎　天猶不能命我以生　況於四大乎　況於五行乎　旣有
득호　천유불능명아이생　황어사대호　황어오행호　기유

生念　又有生緣　故　天得以生命我四大　得以氣形我　五行
생념　우유생연　고　천득이생명아사대　득이기형아　오행

得以數約我 此 有生者 之所以有滅也 然乎生滅則一 在
득이수약아 차 유생자 지소이유멸야 연호생멸즉일 재

凡夫聖賢之所以生滅則殊 凡夫之人 生緣念有 識隨業變
범부성현지소이생멸즉수 범부지인 생연념유 식수업변

習氣薰染 因生愈甚 故 旣生之後 心著諸妄 妄認四大
습기훈염 인생유심 고 기생지후 심착제망 망인사대

以爲我身 妄認六親 以爲我有 妄認聲色 以爲快樂 妄認
이위아신 망인육친 이위아유 망인성색 이위쾌락 망인

塵勞 以爲富貴心目知見 無所不妄 諸妄 旣起 煩惱萬差
진로 이위부귀심목지견 무소불망 제망 기기 번뇌만차

妄念 奪眞眞性 遂隱 人我爲主 眞識爲客 三業前引 百
망념 탈진진성 수은 인아위주 진식위객 삼업전인 백

業後隨 流浪生死 無有 涯際 生盡則滅 滅盡復生 生滅
업후수 유랑생사 무유 애제 생진즉멸 멸진부생 생멸

相尋 至墮諸趣 轉轉不知 愈恣無明 造諸業罟 遂至塵
상심 지타제취 전전부지 유자무명 조제업고 수지진

沙劫盡 不復人身 聖賢則不然 聖賢 生不因念 應迹而生
사겁진 불부인신 성현즉불연 성현 생불인념 응적이생

欲生則生 不待彼命 故 旣生之後 圓寂之性 依舊湛然
욕생즉생 부대피명 고 기생지후 원적지성 의구담연

無體相無罣礙 其照萬法 如青天白日 無毫髮隱滯 故能
무체상무가애 기조만법 여청천백일 무호발은체 고능

建立一 切善法 遍於沙界 不見其少 攝受一切衆生 歸
건립일 체선법 편어사계 불견기소 섭수일체중생 귀

於寂滅 不以爲多 驅之不能來 逐之不能去 雖托四大爲
어적멸 불이위다 구지불능래 축지불능거 수탁사대위

形 五行爲養 皆我所假 未嘗妄認 我緣 苟盡 我迹 當滅
형 오행위양 개아소가 미상망인 아연 구진 아적 당멸

委而去之 如來去耳 於我 何與哉 是故 凡夫 有生則有滅
위이거지 여래거이 어아 하여재 시고 범부 유생즉유멸

滅者 不能不生 聖 有生亦有滅 滅者 歸於眞空 是故
멸자 불능불생 성 유생역유멸 멸자 귀어진공 시고

凡夫生滅 如身中影 出入 相隨 無有盡時 聖賢生滅 如
범부생멸 여신중영 출입 상수 무유진시 성현생멸 여

空中雷 自發 自止 不累於物 世人 不知生滅之如此 而以
공중뇌 자발 자지 불누어물 세인 부지생멸지여차 이이

生滅 爲煩惱大患 蓋不 自覺也 覺則見生滅 如身上塵
생멸 위번뇌대환 개부 자각야 각즉견생멸 여신상진

當一振奮耳 何能累我性哉 昔我如來 以大慈悲心 憫一
당일진분이 하능누아성재 석아여래 이대자비심 민일

切衆生 迷錯顚倒 流浪生死之如此 又見一切 衆生 本有
체중생 미착전도 유랑생사지여차 우견일체 중생 본유

快樂自在性 皆可修證成佛 欲一切衆生 盡爲聖賢生滅
쾌락자재성 개가수증성불 욕일체중생 진위성현생멸

不爲凡夫生滅 猶慮一切衆生 無始以來 流浪日久 其種
불위범부생멸 유려일체중생 무시이래 류랑일구 기종

性 已差 未能以一法 速悟 故 爲說八萬四千法門門門可
성 이차 미능이일법 속오 고 위설팔만사천법문문문가

入 皆可到眞如之地 每說一法門 莫非丁寧實語 欲使一
입 개가도진여지지 매설일법문 막비정녕실어 욕사일

切衆生 各隨所見法門 入自心地 到自心地 見自佛性 證
체중생 각수소견법문 입자심지 도자심지 견자불성 증

自身佛 卽同如來 是故 如來於諸經 說有者 欲使一切衆
자신불 즉동여래 시고 여래어제경 설유자 욕사일체중

生 賭相生善 說無者 欲使一切衆生 離相見性 所說 色
생 도상생선 설무자 욕사일체중생 이상견성 소설 색

空 亦復如是 然而衆生執着 見有非眞有 見無非眞無 其
공 역부여시 연이중생집착 견유비진유 견무비진무 기

見色見空 皆如是執着 復起斷常二見 轉爲生死根帶 不
견색견공 개여시집착 부기단상이견 전위생사근대 불

示以無二法門 又將迷錯 顚倒 流浪生死 甚於前日 故
시이무이법문 우장미착 전도 유랑생사 심어전일 고

如來 又爲說大般若法 破斷常二見 使一 切衆生 知眞有
여래 우위설대반야법 파단상이견 사일 체중생 지진유

眞無 眞色眞空 本來無二 亦不遠人 湛然寂靜 只在自己
진무 진색진공 본래무이 역불원인 담연적정 지재자기

性中 但以自己性智慧 照破諸妄則曉然自見 是故 大般
성중 단이자기성지혜 조파제망즉효연자견 시고 대반

若經 六百卷 皆如來爲菩薩果人 說佛性 然而其間 猶有
야경 육백권 개여래위보살과인 설불성 연이기간 유유

爲頓漸者說 惟金剛經 爲發大丞者說 爲發最上乘者說
위돈점자설 유금강경 위발대승자설 위발최상승자설

是故 其經 先說四生四相次 云凡所有相 皆是虛妄 若見
시고 기경 선설사생사상차 운범소유상 개시허망 약견

諸相非相 卽見如來 蓋顯一切法 至無所住 是爲眞諦 故
제상비상 즉견여래 개현일체법 지무소주 시위진체 고

如來 於此經 汎說 涉有 卽破之以非 直取實相 以示衆
여래 어차경 범설 섭유 즉파지이비 직취실상 이시중

生 蓋恐衆生 不解佛所說 其心反有所住故也 如所謂佛
생 개공중생 불해불소설 기심반유소주고야 여소위불

法 卽非佛法之類 是也
법 즉비불법지류 시야

 법(法)의 성품이 원만하고 교묘하여 본래부터 생멸(生滅)이 없건만 있으므로
인하여 생각을 내어서 드디어 인연(因緣)이 생긴 것이다.
 그러므로 하늘의 명(命)을 얻어 태어나니 이런 고로 명(命)이라 말한다.
 천명(天命)이 이미 서면 진공(眞空)이 존재하지 않아서, 전일에 생긴 생각을 굴
려서 의식이 되고, 의식작용이 흩어져 육근이 되며, 육근이 각각 분별이 있어

중간에 총지하는 것이 있게 된다.

이런고로 이를 마음이라 함이니, 마음이란 생각이 있는 곳이요, 정신(인식작용)의 집이며 진(眞)과 망(妄)이 함께 처하는 곳이며 마땅히 범부와 성현의 기(機)가 모이는 곳이다.

일체중생이 시작 없는 옛날부터 생멸을 여의지 못하는 것은, 모두 이 마음의 때 묻은바 때문이므로 모든 부처님이 오직 사람으로 하여금 이 마음을 깨닫게 하시니, 이 마음을 깨달으면 곧 자성을 본 것이고, 자성을 본즉 이는 보리인 것이다. 이것이 성품에 있을 때는 모두 스스로 공적(空寂)하여, 맑아서 없는 듯 하다가도 연(緣)이 있어서 생각을 낸 이후에는 있는 것이 되는 것이다. 생(生)이 있은즉 형(形)이 있으니 형상(形象)이란 지수화풍(地水火風)이 모인 것이다.

혈기(血氣)로써 체(體)를 삼으니 생(生)한 자의 의탁할 바이다. 혈기가 만족한즉 정기가 만족하고 정기가 만족한즉 정신(精神)을 내고 정신이 만족하면 묘용(妙用)이 생기니, 그러한즉 묘용이란 곧 내가 원만하고 고요할 때에 나오는 진아(眞我)인 것이다.

형상이 사물 만남을 인연한 고로 그것을 보고 작위(作爲)할 따름이거늘, 다만 범부는 미(迷)하여 사물만 따르고 성현은 밝아서 사물에 응함이다. 사물을 따르는 것은 자신의 자피(自彼) 객관(客觀)이란 소견(所見)에 집착하는 고로 윤회를 받고 자신의 주관이란 당체(當體)가 항상 공(空)하여 만법(萬法)에 여일(如一)하니 그것을 합하여 관(觀)하건대 다 마음의 묘용(妙用)인 것이다. 이런고로 그 생기지 않은 때를 당하여 이른바 성품이란, 원만구족해서 텅비어 사물이 없고 맑고 맑아 자연스러우며 그 광대함이 허공과 같아서 왕래하고 변화함에 일체 자유로우니 하늘이 비록 나에게 명(命)하여 생(生)하고자 하나 그 어찌 가히 얻을 것인

가. 하늘이 오히려 나에게 명하여 생하게 할 수 없거늘 하물며 사대(四大)가 기(氣)로써 나를 형성하게 되며 오행(五行)이 수(數)로써 나를 제약시킬 수 있게 되나니 이것은 생(生)이 있음으로써 멸(滅)이 있는 까닭이다.

그러나 생멸인즉 하나이나 범부와 성현의 생멸은 다름이니 범부들의 생은 생각을 반연하여 있고 식(識)은 업(業)을 따라 변하여 습기(習氣), 훈습(薰習)이 생겨남으로 인하여 더욱 심한 고로, 이미 태어난 이후에는 마음이 모든 망(妄)에 집착하나니, 망령되어 사대를 오인하여 나를 삼으며, 망령되어 육친(六親)을 오인함으로써 나의 소유로 삼으며 망령되어 성색(聲色)을 오인하여 쾌락을 삼고 망령되어 진노(塵勞)를 오인하여 부귀(富貴)를 삼도다.

마음과 눈으로 알고 보는 것이 망 아닌 것이 없으니, 모든 망이 이미 일어나면 번뇌가 만 가지로 차별된다. 망념(妄念)이 진(眞)을 뺏으면 참성품이 드디어 숨어서, 인(人)과 아(我)가 주(主)가 되고 진식(眞識)이 객(客)이 되며 삼업(三業)이 앞에서 이끌고 백업(百業)이 뒤를 따르게 되는 것이다. 생사가 유랑함에 끝이 없어서 생이 다하면 멸하고 멸이 다하면 다시 생(生)하여 생멸이 서로 찾으며 여러 갈래에 떨어짐에 이르도록 돌고 돌아도 알지 못하는 것이다.

더욱 무명을 빙자하여 모든 업의 그물을 만들어서 드디어 진사겁(塵沙劫)이 다하도록 다시는 사람 몸을 회복하지 못하거니와 성현은 그렇지 않음이니 성현은 태어날 때 생각에 인하지 않고 자취에 응하여 태어남이다. 태어나고자 하면 태어나고 저 명(命)을 기다리지 않으므로 이미 태어난 이후엔 원적한 성품이 예전처럼 담연하여서 체상도 없고 걸림도 없으며 그 만법을 비춤이 마치 푸른 하늘의 밝은 해와 같아서 머리카락도 숨기거나 걸림이 없도다. 그러므로 능히 일체 선법을 건립하여 사계(沙界)에 두루하되 그 적음은 보지 않으며 일체 중생을 섭수하여 적멸에 돌아가게 하되 많음으로 여기지 않나니, 몰아도 능히 오지 않으며 쫓아도 능히 가지 않음이라. 비록 사대(四大)를 의탁하여 형(形)을 삼고 오행(五行)으로 기른 바가 되어도 모두가 내가 빌린 바이다.

일찍이 망령되이 오인한 게 아님이니 내 인연이 진실로 다하면 내 자취는 마땅히 멸함이다. 버리고 떠나는 것이 마치 오고 가는 것과 같을 따름이니 나에게 무엇이 관계되리오. 이런 고로 범부는 생이 있은즉 멸이 있음이라. 멸한 자는 나지 않을 수 없지만 성현은 생이 있고 또한 멸이 있으되 멸하면 진공(眞空)에 돌아가게 되니, 이런고로 범부의 생멸은 몸 가운데 그림자 같아서 출(出)과 입(入)에 서로 다르므로 다 할 때가 없거니와 성현의 생멸은 마치 공중의 우레와 같아서 스스로 발하고 스스로 그쳐서 중생에게 누(累)가 되지 않으나, 세인들은 생멸이 이와 같음을 알지 못하기 때문에 생멸로써 번뇌의 대환(大患)을 삼나니 대개 스스로 깨닫지 못한 때문이다.

깨달은즉 생멸이 몸 위의 먼지같이 여겨서 마땅히 한번 털어버릴 따름이니, 어찌 능히 나의 성품에 누(累)가 되겠는가.

옛날 우리 여래께서 대자비심으로 일체중생이 미혹하고 전도(顚倒)하여 생사에 유랑함이 이와 같음을 불쌍히 여기시며, 또한 일체중생이 본래 쾌락하고 자재로운 성품이 있어서 모두 닦고 증득하면 성불할 수 있음을 보시고, 일체중생이 모두 성현의 생멸이 되게 하고 범부의 생멸이 되지 않게 하고자 하시되, 오히려 일체중생이 무시이래로 유랑한 지가 너무 오래되어 그 성품의 종자가 이미 어긋나서 능히 한 법으로는 속히 깨달을 수 없음을 안타까이 여겨, 이를 위하여 팔만사천법문을 설하신 것이다.

문문마다 가히 들어갈 수 있으므로 모두 진여(眞如)의 땅에 이를 수 있으며, 매양한 법문을 설함에 고구정녕(苦口丁寧) 실다운 말 아님이 없음이라. 일체중생으로 하여금 각각 본 바의 법문에 따라서 자기의 마음 땅에 들게 하며, 자기 마음 땅에 이르게 하며 자기 부처의 성품을 보게 하며 자신의 부처를 증득케 해서 곧 여래와 같게 하고자 하셨다. 이런 까닭에 여래가 모든 경(經)에 유(有)를 설(說) 하신 것은 일체중생으로 하여금 상(相)을 보고 착한 마음을 내게 하고자 한 것이고 무(無)를 설(說)하신 것은 일체중생으로 하여금 상(相)을 떠나서 성품(性品)을 보게 하고자 한 것이며 설(說)한 바 색(色), 공(空)도 또한 다시 이와 같음이니라. 그러나 중생들의 집착(執着)은 유(有)를 보되 진유(眞有)가 아니고 무(無)를 보되 참으로 없는 것이 아니며, 그 색(色)을 보고 공을 보는 것도 모두가 이와 같이 집착해서 단견(斷見)과 상견(常見)의 두 가지 견해를 다시 일으켜서 돌고 도는 생가의 뿌리를 삼기에, 둘이 아닌 법문으로써 보게 하지 않는다면 또한 미혹하고 뒤바뀌어 생사에 유랑함이 전일보다 심할 것이라 여겨, 여래께서 또 이를 위하여 대반야법(大般若法)을 설하시어 단견과 상견의 두 견해를 쳐부수어 일체중생으로 하여금 참다운 유와 참다운 무와 참다운 색과 참다운 공이 본래 둘이 아니며 또한 사람과도 멀지 않다고 하셨다.

해맑고 고요하여 단지 자기 성품중(性品中)에 있는 것이므로 단지 자기 성품의 지혜로써 모든 망(妄)을 비추어 깨트린즉 스스로 밝게 볼 수 있음을 알게 함이었다. 이런고로 대반야경 600권은 대개 여래께서 보살과 위의 사람들을 위하여 불성(佛性)을 설하셨거니와, 오직 금강경은 대승을 발한 자를 위하여 설하였으며 최상승을 발한자를 위하려 설하신 것이다.

이런 이유로 이 경은 먼저 사생(四生)(태·난·습·화)과 사상(四相)(아·인·중생·수자상)을 설하시고, 다음엔 "무릇 상(相)이 있는 것은 모두 다 허망함이니, 만약 모든 상(相)이 상 아님을 보면 곧 여래를 보리라" 하시니 대개 일체중생이 주할 바 없음에 이르러서야 참다운 진리가 됨을 나타내신 것이다. 그러므로 여래께서 이 경(經)에서 설하시길, 무릇 유에 섭(涉)하면 곧 아님(비, 非)으로써 파(破)하여 바로 실상을 취하시어, 이로써 중생들에게 들어내 보이시니 대개 중생이 부처님께서 설하신 것을 알지 못하고 그 마음이 도리어 구하는 바가 되는 것을 염려한 까닭에, 이른바 "불법은 곧 불법이 아니다" 라고 한 것 등이 이것이다.

반야무진장진언(般若無盡藏眞言)

納謨 薄伽伐帝 鉢唎若 波羅蜜多曳 怛姪也 唵 紇唎
地唎 室唎 戌嚕知 三蜜栗知 佛社曳 莎詞

나무 바가불제 발리야 바라밀다예 단냐타 옴 흘리
지리 실리 슬로지 삼밀율지 불사예 사하(사바하)